觉醒领导力

Conscious Leadership

商业升维的整合之道

[美] 约翰·麦基 (John Mackey)
[美] 史蒂夫·麦克因托什 (Steve McIntosh)
[美] 卡特·菲普斯 (Carter Phipps) — 著

觉醒商业圈 — 译

陆维东 审校

人民东方出版传媒
People's Oriental Publishing & Media
东方出版社
The Oriental Press

图字：01-2021-2442 号

CONSCIOUS LEADERSHIP

Copyright © 2020 by Whole Foods Market Services, Inc., Steve McIntosh, and Carter Phipps All rights reserved including the right of reproduction in whole or in part in any form.

This edition published by arrangement with Portfolio, an imprint of Penguin Publishing Group, a division of Penguin Random House LLC.

中文简体字版专有权属东方出版社

图书在版编目（CIP）数据

觉醒领导力 /（美）约翰·麦基（John Mackey），（美）史蒂夫·麦克因托什（Steve McIntosh），（美）卡特·菲普斯（Carter Phipps）著；觉醒商业圈 译. —北京：东方出版社，2022.10
书名原文：CONSCIOUS LEADERSHIP: ELEVATING HUMANITY THROUGH BUSINESS
ISBN 978-7-5207-2653-5

Ⅰ. ①觉… Ⅱ. ①约… ②史… ③卡… ④觉… Ⅲ. ①绿色食品—食品企业—商业模式—经验—美国 Ⅳ. ①F471.268

中国版本图书馆 CIP 数据核字（2022）第 072905 号

觉醒领导力
（JUEXING LINGDAOLI）

作　　者：	［美］约翰·麦基（John Mackey）［美］史蒂夫·麦克因托什（Steve McIntosh）［美］卡特·菲普斯（Carter Phipps）
译　　者：	觉醒商业圈
审　　校：	陆维东
责任编辑：	申　浩
出　　版：	东方出版社
发　　行：	人民东方出版传媒有限公司
地　　址：	北京市东城区朝阳门内大街 166 号
邮　　编：	100010
印　　刷：	北京明恒达印务有限公司
版　　次：	2022 年 10 月第 1 版
印　　次：	2022 年 10 月第 1 次印刷
开　　本：	880 毫米×1230 毫米　1/32
印　　张：	10.125
字　　数：	220 千字
书　　号：	ISBN 978-7-5207-2653-5
定　　价：	68.00 元

发行电话：(010) 85924663　85924644　85924641

版权所有，违者必究

如有印装质量问题，我社负责调换，请拨打电话：(010) 85924602　85924603

赞　誉

随着全球经济的持续发展，企业面临的挑战层出不穷，培养那些正直诚信并懂得如何做正确之事的领导者至关重要。约翰·麦基（John Mackey）和他的合著者就"如何做一个领导者"这一关键命题做出了重要贡献。

——杰夫·威尔克（Jeff Wilke）
亚马逊全球消费者业务首席执行官

这是我读过的最好的领导力书籍之一，它是一本关于如何创造价值和做对的事情的指南。

——埃德·弗里曼（Ed Freeman）
弗吉尼亚大学达顿商学院教授，《和的力量》作者

很少有一本书能让我感动落泪，但这一本书却做到了，它向我展示了我最想成为的那种领导者。成为觉醒领导者是一个直击人心的邀请，将我们的思维从你输我赢的战争模式转变为包含爱、真实与正直的社区共创的美德。这本书秉持着一个大胆的观点：商业可以成为一股力量，给世界带来更多的爱。算我一个！

——布莱恩·罗伯逊（Brian Robertson）
合弄制创始人

《觉醒领导力》这本书最有价值的地方是推动读者应用书里阐述的智慧，去思考他们自身的生活和我们的社会。当你读完这本书后，你将迫切期望为所有人做出更大的贡献。

——鲍勃·格雷菲尔德（Bob Greifeld）
纳斯达克前首席执行官，Virtu Financial 董事长

今天的领导者必须具备更快的节奏、更敏锐的战略，承担更广泛的责任，同时也要有更强的觉知力，更谦卑，更真诚。《觉醒领导力》将帮助你鼓起勇气，打开心扉，深度剖析，从而持续成长为一个觉醒的领导者。

——沃尔特·罗伯（Walter Robb）
Stonewall Robb 公司负责人，全食超市前联合首席执行官

《觉醒领导力》一书是关于领导者在其所做的每一件事中，应呈现何种状态、能量和心智，以及这些状态、能量和心智是如何通过涟漪效应给世界带来改变的。这正是当今世界所需要的领导力，这本书为我们提供了如何成为这种领导者的路线图。

——亚历山大·麦考比（Alexander McCobin）
觉醒商业首席执行官

谨将此书献给：

所有在全食超市与我共事过的觉醒领导者，特别是 Walter Robb、Glenda Flanagan、A. C. Gallo、Jim Sud、Jason Buechel、Sonya Gafsi Oblisk 和 Keith Manbeck。

——约翰·麦基（John Mackey）

谨将此书献给：

我挚爱的妻子 Tehya McIntosh、我们两个漂亮的儿子 Ian 和 Peter，以及未来所有的觉醒领导者。

——史蒂夫·麦克因托什（Steve McIntosh）

谨将此书献给：

所有向我传授觉醒领导力的人，他们通过自身的勇气、智慧、洞察力，以及所经历的艰难和挑战赠与了我这些无价之宝。

——卡特·菲普斯（Carter Phipps）

译校者序

有关领导力主题的书籍，其中多数是专家们关于杰出领导者言行和境界的描述，以及据此提炼出的领导力模型或原则，但旁观者的视角未免又隔了一层，读者虽心向往之，却很难依照奉行，取得实效。因此，若有明智的"过来人"站出来，给大家指点迷津，会更有价值。然而，人性复杂，这项任务并不简单，只有那些长于实践、敏于思考的领导者才堪当此任，而约翰·麦基可以算得上是一位理想的人选。

在我心里，麦基是一位真正的商界领袖！他不仅白手起家创办了专营有机食品的全食超市，和团队携手将之发展为一家拥有约500家门店、9.5万名员工的财富五百强企业；并推动公司长期向非营利机构捐赠5%—10%的经营利润，创立了全地球基金会（Whole Planet Foundation，针对贫困人群的小额贷款计划）、全儿童基金会（Whole Kids Foundation，致力于为学生提供有营养更健康的食物）和全球动物合作组织（Global Animal

Partnership，专注于动物福利和可持续养殖）。更令人称道的是，他在美国还主动联络了一些有名望的企业家共同发起了"觉醒商业运动"（Conscious Capitalism），致力于塑造使命驱动、利益相关者共赢和生态可持续的新商业文明，转变经济利益至上的传统商业逻辑。经过十多年的努力，该运动的影响和社会效应越来越大，也传播到了包括中国在内的其他国家和地区。

同时，在企业家群体中，麦基对于内在成长和领导力发展也是比较有意识的，他似乎天然热爱此道。麦基平时就喜欢哲学、素食、森林徒步和身心练习（如禅修、全息呼吸等）。这些脑身心灵的整合活动，在他写的几本畅销书里都有迹可循，包括《伟大企业的四个关键原则》（Conscious Capitalism）、《全食物饮食》（The Whole Foods Diet），以及这本《觉醒领导力》（Conscious Leadership）。

麦基创作的每本书都很耐人寻味，精彩贴切的真实案例、深刻完整的理念阐述和智慧务实的实践指南，兼而有之。这本书也不例外。

《觉醒领导力》开篇就讲了麦基自己被"逼宫"的一波三折的故事，以此凸显企业家成长和领导力进化的重要性。接下来的每一章都有生动的案例来佐证理念并示范实践，篇幅较长的故事有近15个，例如Lovesac创始人肖恩·纳尔逊探寻可持续家具的使命、哥斯达黎加FIFCO公司首席执行官雷蒙·门迪奥拉勇于实践三重底线（人、地球、利润）、亚马逊全球消费者业务首席执行官杰夫·威尔克早期跟随直觉在工厂一线累积运营能力、麦基作为纯素食者和公司销售动物性食品之间的"张力"处理、海拉·托马斯多迪在冰岛创办由女性主导的秉承正向价值观与长期主义的投资公司、全食超市遭恶意收购后与亚马逊合并、连锁餐厅 Panera 创始人罗恩·沙伊奇为了坚持长线思维将公司退市、全食超市与美捷步（Zappos）的自主管理、谷歌人才发展主管亚当·伦纳德利用会议录像提升领导者自我觉察等，读罢均能令人感慨，触发深思。

每次写书，麦基都会邀请专家学者与自己共创［本书合著者是文化进化研究所（Institute for Cultural Evolution）的联合创始人史蒂夫·麦克因托什和卡特·菲普斯］，由此将自己源于真实情境的洞见和专家的多元视角融合起来，这通常会让读者在深入实践智慧的同时，也能产生豁然开朗、触类旁通的感觉。

书中深刻揭示了不少传统商界的迷思和真相，比如商业的内在之善、战场/丛林/体育运动隐喻的偏差、友爱力量的重兴以及公司的社群隐喻等，使人不禁眼前一亮，心生喜悦；同时，本书有机地融入了许多前沿的理念，例如与极性共处、人性的丰富与超越、服务型领导力、重塑组织、无限游戏、指数型思维、技术热门度曲线、脑神经可塑性、成人发展理论、"通才"领导者、主客体关系、文化智能和整合式世界观等，在读者面前不断打开新的视窗，予人启迪。

需要特别指出的是，本书相当重视领导者的灵性发展，这似乎也吻合麦基和其他两位作者的经验。书中强调"灵性发展就像一个内在的杠杆。我们在灵性上发展得越多，对生活的其他方面的影响就越大，我们有效而觉醒的领导能力也就越强"。

同时，为了增加可实践性，作者们还将核心理念（如爱与正直）萃取出一系列的内涵，并逐一阐明。在觉醒领导者的视野中，爱包括慷慨、感恩、欣赏、关心、同情和宽恕等品质；而讲真话、荣誉、真实、可信与勇气则是五种用来理解和践行正直的核心品质。

　　明智的"过来人"分享的实践指南之所以有效，主要是因为他们大多属于现实的理想主义者，擅长在愿景与现状之间自如切换，他们的认知也往往倾向于有机过程式的，有原则但不死板，力求知行合一，是"湿的"可实践的智慧。这些体现在书里就有寻求多赢和"走开"、理想与现实的结合、采用新型组织架构时的平衡感、创新与价值创造、调和长线思维与短期利益、内部晋升和外部空降的分寸拿捏等。

　　看得出来，《觉醒领导力》是以支持实践为重心的，书中不少地方直接用清晰的问答给读者指明了有效落地的方法，像如何发现或揭示企业的更高使命，如何探寻个人使命并找到一种在商业世界中的表达方式，如何让组织文化变得更具创造性和活力，如何招聘、选拔和解聘团队成员，如何把组织建设成社群，灵性发展的方法有哪几类……感觉光看这些议题就叫人"食指大动"了。

　　更为贴心的是，本书为觉醒领导者提供了极其丰富的工具箱和练习集，前者收纳了极性的艺术与科学、利益相关者整合、处理"阴影"、系统思考、相邻的可能性、希望与狂热、人格类型和数字禁食；后者汇集了诸如使命（与你的英雄们为伍）、感恩、欣赏、宽恕（流水冲蚀山体）、正直（真实并不总是自然呈现）、创新（猎取好主意）、长线思维（做一次预检）、团队领导力（化学反应测试）、禅修、身心复原等不同主题约30个练习。

"纸上得来终觉浅,绝知此事要躬行。"给读者准备了如此充足的可试炼的"木人桩",作者们可谓洞悉奥妙,用心良苦!

三位作者都信奉脑身心灵的整合练习,因此也给领导者们提供了保持全人健康的实用贴士,囊括了良好睡眠、全食物饮食、日常活动、禅修、兴趣爱好和亲近大自然等方面,既详尽又有说服力。

之前看过麦基的一次访谈视频,他在里面分享了一个以智慧和精力为横纵两轴的领导力四象限,并询问大家哪个象限的领导力可能最高。有意思的是,最后在主持人的"引导"下,他默认了自己属于"精力普通但智慧较高"的那一类,并坦承正因为精力平常才更需要授权他人、依靠团队,修炼自身的领导力也就成了必修课。所以,这本书称得上是他个人领导力持续进化的结晶。

掩卷沉思,依然能体会到作者在行文中展现的高心智复杂度、成熟度和一致性,这也是我在阅读中外不同领域"高手"的文字时经常会有的感觉,我想这可能就是所谓的"内观自变者"(self-transforming mind) 从心所欲不逾矩的魅力吧!

陆维东
正念领导力教练
觉醒商业与组织进化顾问
中国组织进化年会联合创办人
觉醒商业圈发起人
邮箱:sati.sh@foxmail.com

目录
contents

引　言　朝向觉醒领导者的自觉之路　　　1

· 第一部分 ·
愿景与美德

第 1 章　使命为先
领导者的使命之旅　　　6
"为生活而设计"的家具　　　10
使命赋能利润　　　14
使命、市场与利润　　　19
理想与现实　　　21
使命创造协同　　　25

第 2 章　以爱领导
战场、丛林、鲨鱼和体育运动　　　34
探索新的地图和隐喻　　　39
服务型领导力　　　42
爱的多面性　　　46
作为力量之源的爱　　　57

I

照护者之心　　　　　　　　　　　58

第 3 章　行事正直
正直的内涵　　　　　　　　　　　69
诚信："以信任的速度前进"　　　　78
深化正直的品格：超越"好人"标准　80
持续进化的变革者　　　　　　　　81
个人正直与组织诚信的互动　　　　83

· 第二部分 ·
心智模式与战略

第 4 章　多赢策略
多赢策略　　　　　　　　　　　　97
信任的动态性　　　　　　　　　　101
风险和机遇　　　　　　　　　　　103
摆脱"零和"心态束缚　　　　　　105
多赢思维带来攀升　　　　　　　　107
走出至暗时刻　　　　　　　　　　109

第 5 章　创新与价值创造

创新喜欢结伴而行　　125

灵活重塑组织结构　　138

谦逊也是一种竞争优势　　142

专注于创造价值　　144

创新可以发生在任何地方　　147

第 6 章　长线思考

唤醒长期视角　　156

保持无限思维　　160

指数型思维　　163

你在什么行业里？　　170

预测"做"与"不做"　　172

健康的乐观主义　　175

・第三部分・
人与文化

第 7 章　发展团队
　　招聘与解雇的中道　　　　　　184
　　内外薪酬平衡　　　　　　　　187
　　不做演讲比赛评委　　　　　　189
　　发展觉醒的文化　　　　　　　191

第 8 章　定期让身心复原
　　谁是首席能量官？　　　　　　213
　　重新审视睡眠　　　　　　　　218
　　揭秘"营养"　　　　　　　　220
　　别只做事，请坐　　　　　　　223
　　暂时放下使命　　　　　　　　227
　　在大自然中充电　　　　　　　230

第 9 章　终身学习与成长

成年人还能成长吗？	239
终身学习带来的解放	240
广度：成为通才	243
深度：从聪明到智慧	244
踏上成长的旅程	246
主客体转化与反观自身	250
让人变聪明的方法	253
觉醒领导力的精神	259

附　录　培养文化智能	263
致　谢	271
注　释	273
众译后记	291

引言　朝向觉醒领导者的自觉之路

（约翰·麦基）

2001年1月的一天，当飞机降落在佛罗里达，看着窗外明媚阳光下郁郁葱葱的棕榈树时，我知道自己的人生走到了十字路口。虽然我很需要一个度假，但此次我到佛罗里达不是来度假的，而是应全食超市（Whole Foods Market）董事会的要求而来。这次旅行对我而言生死攸关，将决定我的工作和未来。我和公司管理团队的其他成员将在第二天召开的会议上接受董事会的面询，这是全面调查的一部分，目的是确定未来将由谁来领导全食超市。自从1978年与他人联合创立全食超市以来，我在公司担任首席执行官已超过20年了。我还能继续担任这家公司的首席执行官吗？我会被要求靠边站，给新领导者让位吗？一切扑朔迷离，前途未卜。

下飞机拿行李的时候，我感到全身麻木。即将失去自己用毕生心血打造的公司的念头，像一块厚重的乌云笼罩着我，吞没了我，即使佛罗里达明媚的阳光和美丽的风光也无法将其驱散。事情是怎么发展到这一步的呢？在驶离机场的路上，我一直在回想最近所经历的种种艰难险阻，而那一天是最艰难的至暗时刻。

就在几年前，20世纪90年代兴起的互联网热潮正处于鼎盛时期。和同时代的许多人一样，我和团队都认识到，互联网革命将给零售业带来革命性的深刻变化。这将是一场激动人心的变革，机会稍纵即逝。我们该如何参与其中，成为其中的一部分呢？回顾那些令人兴奋的日子，我必须承认，像许多人一样，我们当时被"机会"蒙住了双眼，喝下了自己酿造的互联网"酷爱"饮料（Kool-Aid）。

当时，全食超市迅速制订了一个计划，要赶在网络革命之前行动起来。我们拥有一大批忠诚且数量不断增长的客户，他们对天然的有机食品充满了热情。为什么他们不会对自然的有机生活方式感兴趣呢？实际上，当时"乐活"（LOHAS，指健康和可持续的生活方式）成为一个热门的新领域。而我们拥有现成的渠道，可以直接满足那些有影响力的消费者的需求。所以，我们决定开始一项重大的"线上迁移"计划。我们购买了位于科罗拉多州博尔德（Boulder）的Amrion营养品邮购公司，并推出了WholePeople.com网站。为发展这家全新的公司，我们接受了一些风险投资。我们销售食品、保健品、书籍、衣服，甚至旅游服务。凡是目标客户所需要的东西，都可以在这个网站上买到。

为了专注于这个新项目，我搬到了博尔德，全身心投入到

WholePeople.com 网站的经营管理中。虽然我仍将部分精力及关注放在已经做大了的全食超市，但我把绝大部分的精力都投向了具有无限可能的新公司。我本质上是一个企业家，喜欢创新和创造，在全食超市发展成为大型全国性公司的多年以后，WholePeople.com 重新点燃了我创业的激情。

最终失败了的 WholePeople.com 是一个更长的故事。我们当时选择进军互联网的时机并不理想，公司起步伊始，运营费用就非常高。而且，随着互联网大潮由兴而衰的转变，网上零售业务前景暗淡。很显然，它已经成为一个比之前的预期要艰难得多、所需时间长得多的赛道。我们的网上零售业务不仅没有取得预期的成功，更重要的是，我们的股东们不喜欢互联网创新。全食超市的股价在那段时间一直在下跌，直接体现出股东们对该业务的厌恶。随着互联网泡沫的破灭，我和团队清楚地意识到，是时候重新聚焦于全食超市既有优势业务了。

2000 年底，我们把 WholePeople.com 的大部分股权卖给了生活方式品牌 Gaiam，我又回到了奥斯汀，准备重新领导全食超市这家声誉卓著的公司。但是，我万万没有想到的是，一场政变正在酝酿中。管理团队里一个我最信任的伙伴加上董事会的两名成员，已经决定要换掉我，一场控制权之争正在上演。

我的工作和未来突然变得迷茫起来，我不像现今某些企业家那样对公司拥有超级投票权，处于令人艳羡的地位，对自己的公司拥有事实上的绝对控制权。尽管我是全食超市的创始人，白手起家将它一步步做大，但我持有的股份比例较小。换句话说，只有取悦于董事会，我才能继续为公司服务。尽管这样，董事会中仍然有我坚定的支持者，而且我与大多数高管团队成员关系紧密，他们中的许多人都是公司的创业老臣，我们一起把公司打造成了天然食品的零售巨头。我对事态的转变感到震惊，同时，我希望能说服董事会自己仍然是继续领导公司走向未来的最合适人选。

到达佛罗里达的时候，我就明白虽然第二天的会议对于自己来说命运攸关，但是我能做的事情却不多。于是，我决定像往常一样，花点时间去当地的全食超市门店看一看。当我走在摆满健康天然食品的过道中，与在一线做着非凡事业的团队成员交谈时，数周以来笼罩在我心头的厚重乌云第一次消散了。

全食超市清晰的、与客户广泛连接的使命重新唤醒了我，这才是我们公司的本质，而不是董事会里的争斗，也不是互联网成功的梦想；这才是全食超市的核心，在漂亮温馨的门店里，团队成员笑意盈盈地为顾客服务，为他们提供最健康、最美味的天然食品；这才是我真心热爱的事业，这才是我的激情和使命所在，这才是多年前激发我创办全食超市的初心！我感到自己的个人使命得以重生。我刚满47岁，正是年富力强、担任领导的黄金时期，我还有很多事情要做。我迫切希望继续领导这家卓越的公司去再创辉煌，我期望我有机会去实现这个梦想。

那天下午晚些时候，当我走进董事会会议室时，我的状态已焕然一新，我从全食超市一线员工身上重获对使命的激情与热爱。在走进会议室的那个时刻，我的激情仍在燃烧，而之前身处绝境的焦虑感消失殆尽。董事们问了我很多问题,我从心底真诚回答。我没有为自己辩护,也没有试图去证明什么。我只是真诚地分享了我对全食超市现有优势和未来潜力的满腔热情和坚定信念,以及我希望与公司一起迈入新千年的强烈意愿。

会议结束后,我飞回奥斯汀等待董事会的最后决定。实际上,我不仅仅是在等待。我突然有了新的领悟:不管董事会最后的决定如何,很明显,我自己需要成长和改变。整个事件就是一记警钟,我个人的领导风格必须调整。董事会认为,对这家我亲手创立的公司,我的关注度不够,应给予更多的关注。

我意识到,我所面临的有些困境其实是自己一手造成的。当时,不仅是公司外部人员质疑我的领导能力,连内部人员也开始质疑我。公司的发展需要我成长为一个自信且觉醒的领导者,而我一直在逃避。事实上,因为我不愿意自我成长,导致公司出现了领导真空。同时,我很希望有人来填补这个真空,以至那些权力欲旺盛但动机不纯、缺乏技能与同理心的人走上了领导岗位。当该站出来的人没有站出来,没有觉醒领导者高效地掌握控制权时,这个权力真空总是不可避免地会被那些权欲熏心的人以不正当的理由占据。

如果我想继续带领全食超市走向光明的未来,我就需要成长和进化,成为一个觉醒领导者。我必须为这家自己创建的市值十几亿美元的公司承担起更大的责任。这并不意味着我必须事无巨细地管理每一件事,压根儿不是这样。我一直怀揣创业的梦想与激情,并且一直擅长把握大局,我从来都不是一个深究细节的领导者。但就本质而言，我必须完全接受首席执行官这个角色所赋予的职责和权力，这也意味着我身边必须有一个健康的、富有成效的团队，这个团队应该和我优势互补，而不是单方面地推卸责任。我必须用各种方法来提高自己的"游戏闯关"水平。

在随后的几个星期里，我做了很多"灵魂探索"（soul-searching）的事情。我与亲密的朋友和导师坦诚交流、写日记、大量阅读、禅修，以及体验一些效果明显的心理疗愈方法。通过这些措施，我对自己需要亲身经历的这个转变有了更加深刻的领悟：我正处于一个关键的转折点，除了从根本上进化，没有中间道路可选。全食超市2000年以前的首席执行官已经死去了。我已经觉醒过来，我将成为一个更深刻、更睿智、更自信、更清醒的领导者。

就各方面而言，在佛罗里达的那一天，大大加速了我进化为觉醒领导者的自觉之旅。我之前靠着自己的天赋和创业激情，创办并带领全食超市成为一家大公司，现在我正在进化为一个真正觉醒的首席执行官，我将更加高效地领导这家市值十几亿美元的上市公司走向未来。我们每个人都有天生的禀赋优势和人格特质，其中一些特质有助于成为高效的领导者。我身上当然有一些天生的优点，但是像大多数人一样，我也存在明显的缺点。像许多在我之前已经觉醒了的人一样，我发现，做一个觉醒领导者完全不同于一般意义上的企业领导者。一个领导者走向觉醒，意味着他要自主地、有意识地开始一段自我成长之旅，意味着他要带着全然的觉知提升自我，以获得更高层次的诚实、正直和责任感。这本书是我在这个觉醒之旅中所思所学的结晶。

在 2000 年那些黑暗的日子里，当厄运突然降临，我可能会失去一切时，我意识到自己必须成为觉醒领导者，才能领导全食超市。在当时看来，我几乎已经没机会、没时间去这样做了。但庆幸的是，情况并非完全如此。很快，我就接到一个董事会成员的电话，说他们已经决定让我继续担任首席执行官。但这不是全部，他们还希望做一系列的改变，其中包括高管团队、董事会和组织结构的调整。很好，正合我意，确实我也是这样想的。

从那以后，全食超市的年销售额逐年增长，从十几亿美元增长到 190 亿美元。在相当大的程度上，这得归功于我们 2001 年重组的团队，是他们带领公司取得了如此非凡的进步。全食超市之所以能在那些年渡过危机并繁荣发展，很大程度上得益于发生了那场领导危机，从而加速了我个人的觉醒。我们做出了一系列正确的决定，这些决定并不是关于市场份额和产品的战略决策，这一切都是后来的事了。这些决定关乎领导力和人——谁将带领我们深切热爱着的公司走向光明的未来，以及在这个过程中我们将成为什么样的领导者。

那个漆黑的夜晚，孕育了一个明媚的早晨。这本书是对那晨光的赞颂，我坚信，只要有正确的心态和方法，它就能照亮我们所有人。

觉醒领导力

我们为什么写这本书

我最先是在与拉金德拉·西索迪亚（Rajendra Sisodia）合著的 Conscious Capitalism（中文版书名《伟大企业的四个关键原则》）一书中，阐述了自己对觉醒领导力的理解。该书于2013年出版，"觉醒领导力"只是该书的一部分。该书催化了一场全球性的运动，推动世界改变了看待商业的方式，也改变了商业看待自身的方式。该书认为，商业可以成为一股将世界变得更好的伟大力量。我很骄傲，在短短的几年里，该书成为畅销书，被翻译成十几种不同的语言，成为新商业运作方式的文化标识，激励着世界各地的领导者和企业家去提升他们的公司、社区和国家。事实上，2019年，由美国大公司的首席执行官们组成的商业圆桌会议发表了一份正式声明，重新定义了公司的使命：不仅要为股东利益服务，还要致力于为所有利益相关者服务，其中包括客户、公司员工、供应商和社区等。[1]加入商业圆桌会议的公司总共拥有1500多万名雇员，年收入超过7万亿美元。这样的正式声明在十年前是无法想象的。

在我环游世界去宣讲觉醒商业时，我发现了一些有趣的现象。在该书讨论的所有主题中，有一个主题一直深受读者们喜爱，那就是觉醒领导力。读者喜欢与我们探讨这个话题，他们希望对此了解更多。你眼前的这本《觉醒领导力》算是对世界各地的人们期待已久的许多提问的回答。

这本书也是 Conscious Capitalism 出版后几年里，我对于一件越来越清楚的事情的回应：在改变商业叙事和进化商业行为方面，最主要的制约因素是我们还需要成千上万的觉醒领导者。一个组织的发展前景是受其领导者的能力边界制约的，这是人们普遍公认的一个真理，约翰·麦克斯韦尔（John Maxwell）称之为"限制定律"。因此，如果我们的目标是让企业变得更加觉醒，那么领导者必须亲自应对挑战。越来越多的领导者正在这样做。就在我觉得自己必须站起来，对全食超市给予更多的责任和关心时，世界各地各行各业的领导者都跟我一样，在追随内心的召唤。你会在本书里听到他们的声音。他们来自各行各业——从百货业到商业地产业，从制造业到医疗保健业，从高科技企业到风险投资行业。虽然身处不同行业，但是他们所追随的内心召唤，他们对个人成长和组织变革所抱持的激情和承诺是相同的。

领导者们总是面临各种艰难挑战，而今天，身处迅速变化的全球化经济浪潮中，领导者们面临的挑战更是前所未有。事实已证明，技术的颠覆性越来越大，全球竞争无处不在，工作场所的代际变化使组织文化日益复杂，人们期望企业承担更多更大的责任，这些都给企业领导者带来更大的压力。所有首席执行官都必须应对各种各样不同的问题，这需要巴菲特的智慧、丘吉尔的自信、乔布斯的创造力、奥普拉的情商和曼德拉的耐心！没有人能完美地满足如此多重的需求，但最好的领导者都知道一个无比珍贵的道理，即成为领导者意味着一个持续的服务之旅，而非一个静止的权力地位。最重要的是，我们总是可以拥有空间以进一步提升领导力。

要成为一个觉醒领导者并不容易。仅仅遵循既有的方法或采用最新潮的领导力理论是远远不够的。"觉醒"这个词意味着当我们接受领导角色及其赋予的责任时，要更加清醒，更加明了自身意图，更加深思熟虑。人们也许更愿意将这个词与个人成长、灵性或哲学而不只是与职业发展联系在一起。这正是关键所在，成为觉醒领导者首先是并且在很大程度上是个人内在品格的有意识发展和转化之旅。这种发展和转化是领导者基于对人类本性和文化的深刻理解而发生的。正是由于这个原因，当我开始写作本书的时候，我选择了两位受人尊敬的合著者，因为他们在这一领域有着丰富的知识和经验。

史蒂夫·麦克因托什（Steve McIntosh）和卡特·菲普斯（Carter Phipps）都是独立而敏锐的思想家，在努力变得更觉醒的过程中，我反复地引用他们的见解和智慧。史蒂夫和卡特共同创立了非营利机构——文化进化研究所（Institute for Cultural Evolution），我加入了该研究所的董事会，并在财务上给予了支持。更重要的是，他们的作品激发了我关于觉醒商业的愿景，也让我对自己的内在精神生活和作为领导者面临的挑战有了全新的认识。他们精通商业运作，但更重要的是，他们对个人觉醒和文化转型的领域进行过深入研究。我们三人都热衷于推动文化以建设性和灵动的方式向前进化，同时，我们都认识到觉醒领导力是通向这个理想国度的钥匙之一。

在某种程度上，觉醒领导力意味着什么、看起来像什么，对于不同的人来说是不同的。然而，当与数百名男性和女性领导者交流之后，我们发现了正在努力变得更觉醒的领导者们身上有九个与众不同的特征和行为。在本书中，我们将这些特征分为三类：

愿景与美德

觉醒领导者把使命放在首位，他们不仅以利润为导向，更是以能为世界贡献价值的美好愿景作为导向。他们带着爱去领导企业，他们将商业看成可以为人们和社区提供服务、提供价值的机会，而非只是残酷的竞争。觉醒领导者一贯努力地保持正直，以最高的标准严格要求自己，以此赢得他们所领导的人群以及所服务人群的信任。

心智模式与战略

觉醒领导者下决心为每一个挑战都找到多赢的解决方案。他们创新和创造价值，在自己周围塑造文化以滋养和释放创新精神。他们的双眼没有被短期利益蒙蔽，他们总是以长远的眼光来思考：自己的行为和选择会给未来造成何种影响？

人与文化

觉醒领导者对他们身处其中的文化始终保持敏锐的觉察，并持续不断地进化和发展团队。他们也认识到定期恢复元气和活力是多么重要，这包括更新个人的身体、心理、情感和精神能量。他们要求在品格修养、职业技能上保持终身学习和成长。

觉醒领导力

我们的企业以及所处的世界从来没有像今天这样需要觉醒领导者。事实上，不仅公司需要觉醒领导者，政府、非营利组织、教育机构、军队等也都需要。虽然本书中的例子主要来自商业，但我们的初衷是将本书中分享的原则和实践应用于各个领域。当领导者变得更加觉醒时，他们所领导的组织也将变得更加觉醒，他们将构建出使命驱动的文化和社群，并且推动其发扬光大。总之，我们通过自身的人性来提升商业，同时，我们又通过商业来扬升人性。这样一来，每个人都是赢家。

第一部分 愿景与美德

第 1 章

使命为先

觉醒领导力

>"如果你热爱自己的工作，你就会每天都尽力做到最好，很快周围的每个人都会为你的热忱所感染，就像发烧一样。"
>
>——山姆·沃尔顿（Sam Walton）

据在场的一些见证者说，那天的天气很好，万里无云。一大群人聚集在一场重大战役的纪念墓地，他们将听到一位伟大演说家的公开演讲。对于一个被暴力和苦难撕裂的民族来说，这样的仪式提供了一次机会，可以让人们在慰藉中找到些许希望。如何将战争之线编织成一幅具有救赎与重生意义的织锦？在这种痛苦的另一端又可以找到什么样的使命与意义呢？

在成千上万人的注视下，当时最伟大的演说家开始发言，他讲了两个多小时，回忆了战争的细节，将其置于历史的万神庙中并唤起听众的情感和爱国主义。从各方面来说，他都是启迪人心、博学和有力量的。随后他将讲台让给另一位演说者开启第二个演讲，这一回变得相当简短、朴实，只持续了几分钟，而不是洋洋洒洒的几个小时。之后，在观众崇敬的静默中，演说家还担心他的话没有被接收到，但他不必有此担心，当天的第一个演讲最终成为一场对历史的反思，而第二个演讲则成就了272个最为人熟知的词语。

无论属于一家公司还是一个国家，一个伟大的使命总是简单的。1863年11月的那一天，当亚伯拉罕·林肯望着聚集在葛底斯堡的人群，念着写在小纸片上的《葛底斯堡演说》时，他简洁、优美、令人难忘地表达了国家和联邦的使命，也说明了当前斗争的目的、历史和大背景。正如任何伟大的使命所能做到的那样，它振奋、激活并帮助一个陷入困境、四分五裂的民族走向团结，它指明了前进的道路，触动了我们更高层次的共同人性。

作为一名领袖，林肯有许多显著的优点，但也许最卓越的并且最终指引且赋予他其他优势的则是林肯对更高使命的深刻且坚定的承诺。他利用悲惨的美国内战之火淬炼了这个使命，使之成为全体美国人都能接受和理解的宣言。他对美国建国使命"一个致力于所有人的自由和平等的独特国家"的重申表述，从此成了美国人文化团结和国家认同的源泉。

无论人们是否有意识，其实每个人和每个组织都有接受、践行一个更高使命并把人们团结在它周围的可能性。它可能不需要林肯那样的演讲技巧，也不需要提升到葛底斯堡演说那样的历史意义，但它确实存在。伟大的领导者和不朽的企业是以更高的使命为发展基础的，就像伟大的建筑建立在坚实的基础之上一样。它可能从一开始就存在，也可能随着时间的推移被发现、培养和发展出来。但不管怎样，使命是基础。对个人来说，它提供了方向和动力，将生命的活力导向更富有成效的努力。对一个组织或机构而言，更高的使命提供了一种有塑造力的背景，从而将一群个体转变为有组织的、多产的、有创造力的、主动参与的工作团体。

正如林肯所知，每个觉醒领导者的首要工作是将人与使命联结起来。领导者的工作是确保在组织生活的所有复杂性中使命总是闪闪发光的，无论是在道德上还是在实践上，它始终是一个重要和相关的指导性背景。这不仅需要我们相信组织的更高使命。一个觉醒领导者会成为它的象征，并以一种生动和令人兴奋的方式付诸实践。正如林肯在重整一个国家时所示范出来的简单、谦逊和坚决那样，觉醒领导者为他们的组织使命注入了真实性和意义。无论是在一些细节还是在大政方针上，他们每天都让它变得生动起来。他们对使命的激情可以成为周围人的试金石，他们具身体现了一个组织的"为何存在"，同时他们也展示了一条"如何做"的合理路径。

领导者的使命之旅

组织存在之前，先有个体。在巴塔哥尼亚公司（Patagonia）

第1章 使命为先

成立之前,有个非常喜欢登山和野营的年轻人为找到适合自己爱好的服装而颇费周折;在迪士尼电影制片厂创办之前,有个叫沃尔特的年轻动画师在好莱坞兜售自己的产品,他对素描和卡通充满了热情。19世纪,环境保护运动还远未成为社会文化中的主流理念,离塞拉俱乐部(Sierra Club)的成立也还有好几年的时间,当时有一位名叫约翰·缪尔(John Muir)的年轻探险家与自然爱好者就在加拿大安大略省的荒野中开始收集植物并进行分类了。早在全食超市出现之前,就有一位23岁的理想主义者在一个反主流文化的素食团体中找到了意想不到的归宿,并对天然食物产生了新的热情。

那些精心装饰在公司大厅墙壁上或网站上的使命宣言,往往都意味着有人曾经培育过内在的愿景并探索过新颖的想法与路径。但是,一个人怎样才能发现更高的使命呢?一个未来的觉醒领导者如何在这趟旅程中迈出第一步呢?在领导者把使命放在首位之前,他们必须确切地发现它可能是什么。对大多数人来说,这个过程始于某种热忱或好奇,即对自己天生兴趣的自然追求。这可能是个有意识的过程,也可能看起来是偶然发生的,从一个兴趣跳转到另一个,没有明显或可识别的路径,至少最初是这样的。我们可能并没有一走出青春期就明白是什么激发了自己的动力,大多数人甚至尚未开始找寻自己的人生使命。它不是某种随着一纸大学文凭或21岁的生日卡片便会到来的东西。当然,总有些人在很小的年纪就清楚地知道自己想做什么,以及为什么要做,这很好。但是,对于大多数未来的领导者来说，探寻使命并不是那么简单，那是一种对天赋、才能、价值观和好奇心的既笨拙又懵懵懂懂的探索。

"不要问孩子长大以后想干什么，问问他们喜爱做什么！"[1] 使命研究所（Purpose Institute）的创始人罗伊·斯宾塞（Roy Spence）喜欢这样说。有时候，最好的起点就是带着一定程度的坚信与承诺，简单地跟随我们自己的独特爱好。那些吸引我们的东西真的有可能是进入我们灵魂的窗户，它们会带我们走上意想不到的道路，以及一些令我们惊喜、无法预见的机会。

在自我发现旅程中的某个时点，使命会开始显现。一个"真北"将呈现在你内在的罗盘上，它可能一开始就明亮而生动，也可能在很长一段时期内一帧一帧地缓慢显露。但最终，我们会看到一条路径或至少一个方向，一段关键的旅程开始了。对于觉醒领导者来说，还将发生别的事情……在他们内在最核心的热情与生活中企图成就的事情之间，一场对话开始了。

这样的对话是实现更高使命的引擎，将为觉醒领导者的旅程产生动力。它可能引导我们沿着一条单一而直接的道路前进，也可能成为几条截然不同、不断演变和重叠的道路的基础。它甚至可以激励我们跃入未知，创造新事物，成就伟大事业，学习晦涩难懂的东西，创造美丽，或者开始做一些让世界变得更美好的事。追求更高使命的生活很少是安全、容易或可预测的。它通常需要冒险走出舒适和安全的港湾，以新的方式接触这个世界。它可能涉及情绪紊乱、个人挑战或其他重大的发展障碍。最重要的是，抵达使命旅程终点的人很有可能与起程时的那个人已经完全不同，这就是活在追寻使命中的人生所具有的风险和回报。它提供了满足感、意义、成功和赋能感，但它也要求独立、勇气、改变、发展和牺牲。

当使命开始成为焦点时，一个新的问题就出现了。我如何以一个最好的方式向世界表达这个人生使命？我该如何将内心初现的渴望转化为生活中可展现的品质？对一些人来说，这个问题有一个显而易见的答案。如果你感到需要治愈，某种形式的药物就可能出现在你的未来；如果你有一种想要了解物质宇宙深层本质的激情，那么有很多天体物理学部门可以引导你的愿望。但对其他人来说，就没那么简单了。许多企业家走过的漫长而曲折的道路见证了这样一个事实：发现我们的使命并找到一种在商业世界中的表达方式，这是一段旅程，而非简单的一个目的地。菲尔·奈特（Phil Knight）在斯坦福大学上学的时候，就有了向类似他自己这样的跑步爱好者出售廉价、高质量鞋子的灵感，但在奈特创立历史上最成功、最具灵感的体育品牌（耐克）之前，他并不知道自己走过的那条异常曲折的道路会最终引领他走向全世界。理查德·布兰森（Richard Branson）是个嬉皮士，也是一个拥有商业激情的音乐爱好者，他跟随自己的兴趣和直觉走了一条不拘一格的路线，大胆涉足了涵盖杂志、音乐、航空、可乐与金融的多个行业，直到他最终建立了一个世界上最成功的、使命驱动的公司集团。在布兰森的案例中，更高的使命不是特定的产品或服务，而是一种改变现状的行为，即颠覆根深蒂固的行业，从而改变人们的生活。布兰森指出拥有清晰的使命感对他自己的成功至关重要，它远比赚钱的欲望重要得多。[2]

像奈特或布兰森这样的领导者有能力追求个人的更高使命并将它转化为集体的愿景。它可以变得如此强大和有意识，以至能吸引成千上万甚至数百万人跟随。一开始的起点只是在人才、激情、市场机会和更高的召唤之间摸索着寻找最佳的平衡，而最终将发展成某种比任何个人都伟大得多的东西。林肯在其政治生涯初期，并没有打算改变国家的方向和终结奴隶制，但随着时间的推移，他越来越坚定的承诺唤醒了一个国家对自己命运的新认识。个人的使命可以成长壮大以至于激励整个组织、运动、社区，甚至一个国家。于是，起初只是一个人对意义的探索，最终被注入了集体的力量与能量，而其他人也发现，通过参与这一旅程，自己的生命也变得丰盛了。

"为生活而设计"的家具

2018年6月，当肖恩·纳尔逊（Shawn D. Nelson）站在纳斯达克标志性的交易中心敲响公司的开市钟时，他的在线家具公司以使命为驱动的特点是相当清晰和明确的。他的新公司Lovesac专门出售"为生活而设计"的家具，这意味着它是用可持续和可回收的材料所制作的，而且是模块化、可变化、可升级的。它可以随着用户生活的变化而调整，以使客户可以更长时间地保留他们的家具，每年减少数百万吨扔到垃圾填埋场的垃圾，并抵制了定期报废的概念。如今，纳尔逊对公司的理念充满激情，内心清晰，但当他创办 Lovesac 时并没有心怀这样的使命，那时他不过是一个整洁的摩门教年轻人，在 20 世纪 90 年代的大学宿舍里制订着商业计划。在他 20 出头的年纪，那些高意识水平的关注并不在他的优先级清单上面。当时，他在中国台湾花了两年时间义务执行摩门教使命，又为了创业，夜以继日地工作。在那些日子里，他想要追随自己的创业激情并享受生活，制作他十几岁时设计的世界上最大的懒人沙发（用回收的泡沫填充）。然而，在销售成千上万的 Lovesac 产品并乐在其中时，似乎有些事情发生了。慢慢地，纳尔逊自己经营企业的深层原因开始浮现出来。

对于那些关心周围世界的觉醒领导者来说，使命总是会以某种方式"附身"的。即便最初它只是几颗兴趣的种子，随着时间的推移，它也会发展、深化和扩张。作为一名如饥似渴的读者，纳尔逊偶然看到了理论家维克多·帕帕内克（Victor Papanek）关于生态敏感性设计的著作。当他考虑如何将这些概念应用于家具的设计和生产时，他又阅读了威廉·麦克多诺（William McDonough）和迈克尔·布朗加特（Michael Braungart）的《升级再造：超越可持续性——为丰裕而设计》(*The Upcycle: Beyond Sustainability—Designing for Abundance*)。"人类有的不是污染的问题。而是设计的问题。"[3] 作者写道。

纳尔逊深受鼓舞和挑战，他将作者的话铭记于心。这位年轻的企业家被创立一家与众不同的家具公司的主意迷住了，那将是一家能大量减少垃圾填埋场的使用和负面废弃物的公司。他发现，家具在废物洪流中难辞其咎，占据了每年垃圾总量的三分之一。家具企业的供应链能帮助实现更可持续的经济吗？随着Lovesac在竞争激烈的零售家具行业经历了起起落落，纳尔逊对公司的看法更成熟了，他磨炼了自己的使命感。当他找到使命时，公司就找到了立足点。随着公司围绕这个新愿景达成一致，业务也取得了越来越大的成功。

如今，Lovesac是美国增长最快的家具公司之一，它开创了一种新型的家具设计，并以使命驱动的特别方式来从事商业。它的创始人，一位曾经的传教士，正为一种新的使命感而激情燃烧，他试图颠覆庞大家具行业的业务惯例。

使命是一个不断进化的旅程，无论我们谈论的是个人还是公司的使命，均是如此。有时，我们需要穿过荒野找到方向感，即使找到了，它也必须被重新发现、记取、改造或更新。从这个意义上说，使命是有生命的。事实上，它根本不是一个固定的"东西"，而是一个过程。它不是我们"找到"的一个对象，而是一个我们毕生参与其中并持续发现的过程。对于大多数觉醒的公司和领导者来说，使命会随着时间的推移持续深化和扩展。

专家们甚至提出，以为使命"就在那里"等着被发现的错误观念是造成困惑的根源，也会误导年轻的领导者。斯坦福大

第 1 章 使命为先

学心理学教授、畅销书《终身成长》(*Mindset*)的作者卡罗尔·德韦克（Carol Dweck）最近领导的一个研究小组得出结论：我们的个人激情和兴趣几乎总是需要逐步培养的。[4]极少数人可能会设法开发出一种立即能吸引他们的深层次的使命，但对我们大多数人来说，使命却是必须刻意培养的。就像领导力本身一样，它不是某种与生俱来的东西。使命需要终生的实践。

使命练习：与你的英雄们为伍

谁是你心目中的英雄？哪些名言让你想起了自己的使命？哪些书改变了你的生命？谁的故事推动你有了新的行动？追求更高使命的关键之一就是回到你灵感的最初源泉，并产生某种更新、连接与交流。也许，你有本热爱的励志手册可供参考，或一篇关于个人突破的故事；也许，你更愿意思考一位自己喜爱的作家的话，或是通过一本书、一部电影与某位伟大的历史人物交流；有些人阅读《圣经》、《古兰经》或《博伽梵歌》；有些人在家里或办公室悬挂他们心中英雄的肖像。在这几页中，我们向许多英雄致敬，包括亚伯拉罕·林肯。我们与他一起开始了这一章。我们采访的一位领导者，和我们同样赞赏林肯。每当他感到与自己的更高使命失去联结时，他也会阅读多丽丝·古德温（Doris Kearns Goodwin）的《对手团队》(*Team of Rivals*)，每一次重温都会发现新的智慧深度。

无论你与你的英雄如何交流，不要变得习以为常，要将它作为一个荣幸而神圣的练习，并且提升它在你生命中的意义。当事情变得艰难，前进的道路似乎模糊不清时，觉醒领导者会在那些曾经走过使命之路的人的指导下找到智慧。

使命赋能利润

很多人很难把一个更高的或至高无上的使命与商业企业联系起来。的确，营利性和非营利性之间的差别左右了我们思考的倾向方式：企业被视作致力于为股东创造利润（这总是被解释为贪婪），而使命驱动型组织则被定义为根本不打算赚钱。我们期望像人道主义协会、自然保护协会或无国界医生等组织，以崇高的使命和无私的动机为指导，而不是渴望利润最大化。在许多人的心中，使命和利益是相互排斥的，服务于一个就必须放弃另一个。在过去的几十年里，人们做出了一些值得称赞和重要的尝试，试图找到中间地带，例如创建了像共益企业 B-Corps 这样的新企业类型和三重底线运动①，但总体上这种二元对立的态度还在持续，尤其是在我们这个反企业情绪高涨的时代。

觉醒商业的核心是彻底驳斥对商业的负面看法，拒绝将使

---

① 指企业在考虑利润指标 Profit 的同时，还加上了环境指标 Planet 和人与社会指标 People。——译者注

第1章 使命为先

命与利润割裂开来。它声称这两者无须相互排斥，营利活动的核心包含着的正是实现一个正向使命并提升这个更高使命使其在企业中变得更加重要的潜力。换句话说，在大多数商业活动中都有着更高使命的种子，当领导者认识到这一点并提升它的重要性时，该商业的经济和社会效益就会呈现出指数级的增长。

今天，我们听到很多关于转变商业或改革资本主义的说法，但往往这只是我们从外部强加的东西，好像营利性商业活动从根本上就是一种不道德甚至是应受谴责的行为，不可能有其内在的价值和利益，我们只是希望在社交聚会上把它装扮得好看些。当然，企业通过各种途径利用其慷慨馈赠在世界上做善事并没有什么错，比如慈善事业、社区服务、环境保护、本地投资或企业在盈利活动之外可能采用的其他形式的社会公益活动。这些活动从根本上说是正向的，值得我们欣赏和喝彩。但如果我们改革努力的结果只是为企业的存在作些辩解，而非肯定和对其内在潜力的提升，那就太不幸了。

没有什么比发现嵌在企业基本工作中的崇高使命更能激励人或改变组织了。对于一个觉醒领导者来说，这种动机是根本性的。有许多通往卓越领导力的途径，但所有这些途径都涉及追求、识别、确认和提升组织内在的更高使命，进而发挥组织的最大潜能，无论是在社会影响力还是在盈利方面。

那么，人们是如何发现或揭示出企业的更高使命的呢？对于许多组织来说，这是创始人在一开始就有清晰设想的。例如，全食超市诞生于一种让人们随处可以买到天然健康食品的激情，而这颗北极星四十多年来在持续地指引着公司。然而，还有很多成功的公司，它们是在建立之后才逐渐看清了自身的更高使命。另外，即使是那些一开始就有清晰使命的公司，它们的使命也会随着组织的成长而不断演变。使命就像是一个生命体，它必须在新的挑战与机遇的大背景中被培育和不断地被重新确认。在这个旅程的每一步，领导者的角色就是寻找、完善和捍卫这一使命。对于许多觉醒领导者来说，组织的使命与他们自身存在的理由（raison d'etre）是密不可分的。

一个组织的更高使命尚不清晰的话，那么发现它的关键就是辨明组织价值主张核心的内在之善（intrinsic good）。所有组织，特别是营利性企业，必须不断创造价值才能生存下去。正是在这种价值创造的活动中，通常可以发现组织使命的要素。一方面，价值创造可以直接定义为销售产品或服务带来的利益，但价值创造更深层的意义（使命的"更高"部分）是在其所带来的内在提升或改善中找到的。也许在某些情况下，这种改善是模糊的或几乎不存在的，或者被其他问题掩盖了。但所有真正的价值形式都会在某种程度上使世界变得更加美好、真实或良善。正是在这种可识别的正向的弧光中，一个组织更深层的意义和使命才得以被看见。

全食超市的价值主张背后的内在之善是健康和活力——无论是对人还是对地球。对于像谷歌这样的信息公司来说，它们的主要价值在于知识的增长和帮助人们妥善地应对信息时代迅速发展的数据世界。对于REI这样的户外产品零售商来说，将人们与自然之美联系起来是他们工作背后的内在价值。例如，REI 强烈表达这项承诺的方式之一是在"黑色星期五"关闭所有商店，而这一天对许多美国零售商来说是一年中最赚钱的日子。与之相反，该公司在那一天会为所有团队成员提供带薪假期，并鼓励他们和顾客一起户外出游，花时间享受大自然。2019 年，由于认识到气候危机的严重性，公司将这个传统又推进了一步，鼓励大家利用这一天采取行动以保护环境。

我们说在许多组织里使命比利润的影响更加深远，并不意味着每一项活动都完美地朝向这一目标，或者就没有竞争性目标和其他动机；也不意味着在一个充满挑战的市场里，日常的商业现实不需要竞争的勇气和磨砺。尽管如此，随着公司的成长和发展，它将留下一个真实而有益的影响。即使一个顾客收到的内在之善看起来微不足道，但当它被一个大规模的市场放大时，这种价值创造就会变得具有社会意义。因此，觉醒领导者通过帮助所有利益相关者感受到自我实现的满足感来"活出"他们的更高使命，而那种满足感来自他们所在的组织履行了内在之善的承诺。

我们知道，在当今反商业的社会氛围中，谈论内在之善会激起众怒。如今，许多人似乎认为，商业的目的只是为了获取最大的回报、压榨顾客以及以牺牲所有其他利益相关者为代价来使股东变得富有，这是一个持续存在的不幸的误解。医生赚了很多钱，但他们真正的目的是治病救人。包括教师、建筑师和工程师在内的所有专业人士都因自身的努力而获得报酬，但这并不是那个赋予他们工作意义的更高使命。让这些职业变得崇高的价值创造总是与其给人们带来的利益有关。同样，大多数企业的核心目标是为他人带来利益，而不主要是为了赚钱。

达顿商学院教授埃德·弗里曼（Ed Freeman）通过一个物理类比来说明这一点：人体产生红细胞，这绝对是必要的，如果停止生产红细胞，人就会很快死亡。但这并不必然得出结论说，因为我们需要红细胞才能生存，所以我们的生命目的就是培养红细胞。[5]同样，企业需要赚钱，正如觉醒商业所主张的，"不赚钱是对社会的不负责任"。[6]然而对于大多数公司来说，尤其是那些拥有觉醒领导者的公司，赚钱并不是他们做事情的首要原因。他们可能正在试图解决问题、改变行为、提升我们的生活、发明新技术或提供更新更好的服务，但他们很少只是"为了钱"而努力工作。

当然也有例外，有些公司的行为看起来的确只是考虑利润。但当我们和企业家及商业领袖交谈时，我们几乎总是发现他们投身于事业是为了使命，为了该事业带来的生活的意义以及给他人带来的价值。使命是他们动机的核心，而钱是方程式的一部分，这并没有什么错。这是一个成功的标志，说明该组织有能力在市场上切实履行其价值主张。事实上，当顾客为其产品或服务欣然付费时，他们应该感到满意，因为这证实并认可了组织的使命。利润是重要的，但它不是最重要的。组织每天在赚钱，但其存在是为了践行他们的使命。

使命、市场与利润

使命驱动的营利性企业的领导者们所面临的巨大挑战（和机遇）是他们也必须务实和以市场为导向。任何企业都必须遵循客户的需求——至少在某种程度上是这样，它不一定要成为市场的奴隶，但需要面对人们为了什么而愿意交换价值的现实。如果不与现有的品位和欲望保持联系，你就不会在行业内坚持很长时间。在全食超市，我们付出了相当大的代价才学到这一教训。

在做全食超市之前，我们创办过一家名为 Safer Way 的商店，出售一些天然食品，里面完全没有肉、家禽、海鲜、精制糖或咖啡。它确实是由一个更高的使命所驱动，但和当时的市场脱节。正如你可能想象的那样，我们一开始并不太成功，因为所经营的业务不足以吸引足够大的客户群。我们是一群年轻的理想主义者，浑身洋溢着崇高思想带来的喜悦。我们让自己的纯粹感遮蔽了其他同样重要的关注点。毕竟，如果我们不能销售足够多的食品，从而成为一个有活力的业务的话，一个食品店拥有更高使命又有什么用呢？

经营 Safer Way 两年后，我们搬到了一个更大的场所，还合并了一家非常类似的店，并更名为全食超市，同时增添了一些之前不提供的货品，包括肉、家禽、海鲜、咖啡、糖、啤酒、葡萄酒和精制谷物。开张仅六个月，与全国所有其他天然食品商店相比，全食超市的周营业额就达到了最高水平。我们仍然销售天然有机的产品，里面不含人工色素、香料或防腐剂；我们仍然为那些想要吃得更健康的人提供很好的选择，我们仍然为各种羽翼未丰的天然食品企业提供零售网点；我们也仍然助推着健康饮食的趋势。但现在我们还有了某种别的东西，那就是影响力和感召力。我们不再试图重建市场，而是开始尝试与市场融合，我们开始与客户进行真正的对话。随着全食超市的出现，就像任何好的交流一样，这种对话变成了双向的。是的，在这种对话中，我们有想要说的东西，有想要传递的关于健康食品和生活方式的讯息，但现在我们也在倾听。

商业所固有的双向的交易属性，必然会给营利性企业带来局限，但也会赋予其力量。它为使命驱动型企业提供了一条验证自身影响力的路径。一家企业必须以自己的方式与市场打交道，并获取大部分的价值。这样做有两大好处：首先，它具有真正的领先潜力，因为就像一辆开道车一样，它需要与紧随其后的市场力量保持联系。其次，它有自筹资金的潜在能力。所以，虽然做不到百分之百地追求崇高的理想，但它可以用可持续、可衡量的影响力来弥补。它可能无法不计代价毫不妥协地秉持一个有原则的使命，但一家企业可以用自己的方式成为一个强大的变革推动者。

社会既需要营利性组织，也需要非营利组织，而两者也都需要使命驱动的领导者。拿动物福利这个不少人关心的议题来说，有许多资金充裕且重要的非营利机构在做着关键性的工作，致力于推动这项有价值的事业，从而为我们的动物伙伴的生命带来了巨大的变化，他们值得被赞美。与此同时，像 Beyond Meat 和 Impossible Foods 等创新型企业正在抓住机会，通过推出迎合主流市场的植物基新产品来改变消费者的习惯，并获得在营利性环境之外很难触达的可观资源。他们也追求更高的使命，但正是其市场影响力让公司得以成长并繁荣。

使命练习：培养使命捍卫者

每个公司都需要维护公司更高使命的人。有些时候，你会不可避免地需要一些有影响力的人，他们与公司的使命是如此一致，以至他们在任何重要的场合都能够代表它的重要性。也许是游离于日常争吵之外的董事会主席，也许是与公司的更高使命保持着深厚联结的创始人，或许是另外一些人或团体。无论如何，每个公司都需要"使命捍卫者"，当制定重大决策时，他们能够代表使命，并将使命的重要性巧妙又持续地注入利益相关者群体，使之最终融入公司文化。

理想与现实

以下是当今最成功的组织（包括营利与非营利组织）的使命陈述：

- **耐克**："将灵感和创新带给世界上的每一名运动员。只要你拥有身体，你就是一名运动员。"
- **联合利华**："让可持续生活成为常态。"
- **迪士尼**："让世界快乐起来。"
- **特斯拉**："加速世界向可持续能源的转变。"
- **全食超市**："滋养人和地球。"
- **美捷步（Zappos）**："传递快乐。"
- **ING 金融集团**："让客户在生活和业务上领先一步。"
- **美国人道协会（U. S. Humane Society）**："赞美动物，直面残酷。"
- **美国国家公共电台（NPR）**："创造更知情的公众，在对事件、观点和文化的深刻理解和欣赏中获得挑战和激励。"
- **TED**："传播思想。"

上面的陈述都相对准确地表达了公司或组织高层次的价值创造活动。就使命而言，我们可以看到营利与非营利组织并没有什么不同。它们既是理想主义的，又是务实的；它们指向崇高的目标，也代表着评估战略活动的相关性和重要性的基准。但不可避免的是，领导者需要将这一崇高理想转化为实际的成果。在商业环境中追求更高使命，总是与服务理想与现实这两位"上帝"有关，它们都需要我们的关注。

我们热爱有理想且鼓舞人心的使命，同时我们也喜欢务实、成功并注重结果的业务，只是追求两者中的任何一个都

第 1 章 使命为先

可能产生问题。一个觉醒领导者的日常工作就是确保使命和实用主义这两者不会完全支配对方。理想和现实，每一个都是觉醒商业的成功所不可或缺的因素。就像双腿，它们对于向前迈步都很重要。如果一个理想主义的使命完全掌控了组织的日常工作，比如服务客户、有效地分配资源、产品与服务创新和赚钱，那么它可能很快就会压制许多为企业家的努力来赋能的健康的"动物精神"。美捷步可能渴望"传递快乐"，但他们最好同时能交付大量的鞋子。否则，公司可能会动摇自身重要的价值创造活动并失去优势，即使它似乎暂时获得了额外的光环。

同样地，如果日常事务被销售、财务、资源配置、客户、竞争和增长等完全接管，并且业务与其核心使命脱节的话，组织可能最终会发现自己有些无所适从。更高的使命为决策提供了明确的方向，并为前瞻性的增长和创新创造了正向的压力，失去这一点对任何企业的长期生存来说都是危险的。如果美捷步失去了它标志性的客户服务护身符，即忘记了"传递快乐"是其品牌的核心，那么它很可能会失去在市场上赋予它独特地位的东西。这将影响士气和动力，并最终影响其基本的价值创造，即使它暂时看上去是提升了赢利能力。觉醒领导者明白，使命和实用主义必须在同一个屋檐下茁壮成长。

在本章的开头，我们强调了林肯将人与更高使命联系起来的非凡能力，同样他在处置理想与现实的关系方面有着无与伦比的技巧，而该品质使他成为带领国家走出内战这一巨大挑战的唯一合适的人选。在他明确表达了国家的更高使命时，他也明白，实现这个国家的更高使命是属于所有人的一段持续的旅程，而非一个抵达后保证一劳永逸的终点。虽然这一使命闪耀着明亮而清晰的光芒，并提供了一个能照亮道路的"真北"，但通向它的现实之路并不总是笔直和精确的。理想主义的承诺可以提供一个大致清晰的方向，但采取的步骤会不可避免地遭遇出乎意料的转向和必要的偏离。在当代，对于试图履行使命的企业来说也是如此。追随市场的必要性创造了战略和战术上的灵活性，正如履行使命的责任创造了方向和纪律一样，两者都是必不可少的。缺乏实用主义的使命是无力的，而没有使命的实用主义是漫无方向的。在一位觉醒领导者手中，市场现实主义是理想主义的使命的强大盟友。

使命练习：创造有意识的提醒

为了成功地用更高的使命来引导与激励一个组织，使命必须置于人们意识的最前沿。保持对使命的关注需要不断地交流，并以新颖和有创意的方式展示它。杰夫·贝佐斯就是很好的例子，在亚马逊发展的早期，他有意在会议里留一把空椅子来代表客户，借此众人皆知地传达了"地球上最以客户为中心的公司"的组织使命。像这样的物理象征创造了一个强大的提醒，将公司的使命注入每个人的决策之中。

使命创造协同

相信企业能够并应该追求更高的使命并不意味着我们会满足于肤浅的营销式口号。在一个充斥着貌似高尚的陈词滥调的社会里，对于过多地宣称这个或那个产品与技术将"改变世界"，人们很容易怀疑甚至厌倦。真正的使命可以存在于形状大小各异的包装中，它不必总是以改变宇宙的姿态出现。重要的问题是：它是不是一个在合适的时候对一家合适的组织提出的合适的使命？

一个组织真正的使命是所有利益相关者都能够参与发现和实现的东西。鼓励利益相关者的参与，能够让使命更有效地激发组织活力并培养情感的投入，这一点至关重要。它不会影响每一个决定，但能影响那些重要的决定。觉醒领导力包含识别和确认更高层级的召唤，这样它就不会在组织生活的日常需求中被搁置在一旁。它有助于让每个人都感受到自己与组织使命的联系，并给组织中所有的领导者提供一个能做出更好决策的环境。

一位不知名的水手富有诗意地表达了在普通工作中创造更高使命的艺术，他写道："如果你想建造一艘船，不要直接召集男男女女去收集木材，分工并下达命令。相反，要叫他们向往浩瀚无垠的大海。"几个世纪以来，"浩瀚无垠的大海"一如既往地激发着人们的想象力。今天，我们当中的探险家们不再把他们的渴望指向海洋，而是指向太空，但原理是一样的。许多人可能都熟悉 1962 年约翰·肯尼迪到访美国国家航空航天局（NASA）总部时那个流传甚广的故事。当肯尼迪参观大楼时，他遇到一个拿着扫帚的看门人，就问他在做什么。看门人回答说："我正在帮着把人送上月球。"[7] 企业和生活的一个秘密是，大多数人更加为意义所驱动，而非金钱。如果能提供这样的意义感，我们就没有什么做不到的，人们会排着队来帮我们实现它。

当利益相关者们一起参与并帮助进化组织的更高使命时，它就会有感染力，整个公司的协同将得到额外的提升。没有什么比所有利益相关者对更高使命的共同承诺更有力量的了，至少在某种程度上，它让每个人都感受到与组织跳动的心的联结。

尽管如此，所有企业都是"贪婪的混蛋"的假设在我们的社会中仍相当普遍，这种陈腐的观点可能会削弱一个组织的利益相关者致力于其更高使命所必需的诚意和承诺。为了克服这种阻力，觉醒领导者通过自身的行动来展示更高使命的卓越并证明其意义远比纸面上的文字要大得多。事实上，正是通过在面对艰难抉择时始终优先考虑使命，我们才能不断发现和更新使命的深层维度。

当利益相关者看到公司做出的重要决策与其核心价值观相一致时，当他们看到领导者真正致力于更高使命时，这一切就会产生巨大的影响。可以说，它赋予人以信仰，我找不到更好的词了。

觉醒领导力工具箱：
极性的艺术与科学

是什么使披头士乐队成为历史上最伟大的摇滚乐队之一？天资？好时机？多年的练习？所有这些都应该起了部分的作用，但至少他们还有一个成功的秘诀是"合作与竞争"这两个看似对立属性的强大结合。披头士有着高度的合作关系，他们在音乐上的协同是非凡的；然而，他们也有强有力的竞争性，尤其是在列侬和麦卡特尼之间，这种竞争激励着乐队达到了不同凡响的创作高度。合作与竞争，两者缺一不可，正是这种极性（polarity）帮助定义了他们的成功。

披头士无意中展示了一个重要的概念，即每个觉醒领导者都应该意识到的极性理论（polarity theory）。它表明，虽然有些极性呈现出正向/负向的形式，比如战争—和平、利润—亏损、富裕—贫穷等，也有些极性则是正向/正向的，这意味着两边都是可取的。正如临床心理学家和领导力教练伯特·帕利（Bert Parlee）建议的："遇到困难时要问的一个基本问题是：这是一个我们可以'解决'的问题吗，还是一个我们应该妥善管理的持续存在的极性？"[8] 因此，最好将这样的极性视为需要管理的系统，而不是需要解决的问题。极性管理顾问巴里·约翰逊解释说，在这种类型的极性中，"因为双方……是相互依赖的，你不能选择一个作为'解决方案'而忽视另一个。目标……是要取双方之长，同时避免各自的局限。"[9]

如上所述，一个正向/正向的极性是竞争与合作的关系。如果竞争能提高工作绩效，鼓励创造力，激励人们尽力而为，那么它就是有益的。但在一个组织内部，由于缺乏更大的合作共识，无约束的竞争就会迅速催生有害的环境，干扰组织内部基本的信任和相互支持。同样地，合作在任何组织中都是一种伟大的品质，但就其本身而言，如果对个人的卓越或创造性缺乏激励机制或机会的话，它就同样会退化为从众思维或令人窒息的官僚主义的平庸。然而，当竞争和合作形成一种鼓励双方最好的面向并且相互纠正的关系时，美好的事情就会发生。你得到的并非不信任或高人一等，而是协同和创造力；不是从众思维和停滞不前，而是富有成效的自主性和有创意的合作。

伟大的物理学家尼尔斯·玻尔（Niels Bohr）曾经说过："对于任何深刻的真理来说，其标志就是它的反面也往往是一条深刻的真理。"[10]简言之，这就是极性理论。领导者可能会遇到类似的互依的极性，包括挑战—支持、结构—灵活性、防御—进攻、简单—复杂、自由—平等、个人—群体等，还有像本章所讨论的，一个与使命相关的正向—正向类型的重要极性是现实—理想。在这些例子中，每一组价值观都显示出一种对立但又相互纠正的关系，这种在它们之间持续的关系会产生一种健康的创造性的张力。每一方的优势都在一个循环的渐进过程中减轻与缓冲了对立方不利的一面,其结果是"两者兼得"(both-and)的进步,而不是"非此即彼"(either-or)的选择。

这里有一个你可以尝试的简单练习。

1. 想一个你在公司里面临的挑战。例如,可能是决策变得棘手,因为有太多的人参与,妨碍了你完成事情的能力。

2. 问问你自己,什么会是对立面? 对立面可能会是一个更高效的自上而下的决策过程,领导者不必咨询任何人。

3. 发现极性。在上面的例子中,你可以看到两个相反的极端都代表了一个极性。用合适的镜头来观察,两极都是正向的。一方面,你有令人钦佩的达成共识的渴望;另一方面,你又有对自主性的健康的愿望。在一个组织中,它们都是可取的。但在这个例子中,钟摆显然向共识偏得太远了,人们因不能采取行动而感到无能为力和挫败。

4. 通过肯定正面来管理极性。如果你没有甄别到这种极性,那么在某些时候,你可能会因效率低下而感到沮丧,并转而回到独断的决策,等时间长了,这又会产生新的问题。看到这种极性,能让你去肯定那些朝向包容和共识的冲动,但要用更精简顺畅的流程来平衡它。也许你可以更加灵活地选择哪些决策需要什么样的视角以及梳理清楚个人的责任与自由的界限。

　　与极性共处挑战着我们在领导力风格中接受更大的复杂性，有助于我们超越非黑即白的二元思维。它调动了我们理解细微差别的能力，并且让我们作为领导者能够更好地处理每天都要面对的灰色领域。它提供了一个强有力的工具，可以帮助我们检查组织文化的整体健康状况和活力。作为领导者，你每天都要面对极性，它们是真实存在的，而觉醒领导者会学习如何巧妙地管理它们。

第 2 章

以爱领导

> "只有爱才能使众生团结,使他们趋于完善、实现自身。因为爱可以经由众生内在最深处带领他们,联结他们。"
>
> ——德日进(Pierre Teilhard de Chardin)

在全食超市,任何会议结束之前都会有这样的提问环节:谁想感谢一位团队成员?无论是门店的小组会议或是高管团队的战略会议,我们都会在会议结束前给员工创造欣赏他人的正向贡献的机会。欣赏的表达是员工自愿的,在公司各个层级之间会自由地发生。有时大家欣赏的是友善的行为,有时是重大的业务成就。欣赏是全食文化中较为独特的元素,随着时间的流逝也成为最受欢迎的一种方式。我们作为一家企业努力彰显一种经常在商业世界里被忽略的美德,这就是爱。

第 2 章 以爱领导

原则上,很少有人会反对爱在人类生活的各个领域里的重要性。然而,让人深思的是,一旦涉及商业,这项人类核心的美德却会缺失。正直、勤奋和勇气是传统的领导力美德,但很少有人把爱也列入其中。当然,这里谈论的并非情爱或性爱,有充足的理由将这类爱排除在工作场所之外。不幸的是,人与人之间的友爱也不常见于我们的职场之中。正因这种缺失,本可以成为让人更满意的的企业组织,事实上却不尽如人意。在这样的环境里,组织文化不处于最佳状态,更高潜能的发挥也受到严重阻碍。爱被束之高阁,而事实上无须如此。我们应在生命的各个领域中践行爱的美德,工作也不应例外。践行此道的领导者会发现这样一个事实,也正如咨询师兼作家史蒂夫·法伯(Steve Farber)说的那样:"爱真是无与伦比的好生意!"[1]

作为一种情感,爱是人类的本性,爱表现在诸如养家育儿等活动时,会是一种本能。但在商业社会中,以爱领导则是一项必须学习、实践和发展的技能。对于觉醒领导者,这一挑战因许多常见的隐喻而变得复杂,这些隐喻定义了我们如何看待生命这个主题。毕竟,人类是讲故事的生物,而我们所使用的语言和意象塑造着我们的思维方式。许多我们讲述的商业故事几乎与爱的美德直接对立。接下来,让我们来研究其中的一些。

战场、丛林、鲨鱼和体育运动

从我们的语言上来看，商业仿佛就是一场场无止境的血战。人们最常听到的隐喻是"商场如战场"。将竞争对手视为"敌人"，要在对方行动之前将其"杀掉"、"摧毁"或"歼灭"。商业组织的层级结构里通常采用准军事组织的"命令链"形式，而团队也经常被称为"部队"。我们创造有竞争力的"战略"和"战役"来赢得市场份额并击败商业竞争对手。满足未来需求的现金储备有时也被称为"战争基金"，以应对可能的"恶意收购"。我们规划竞争策略的会议室被称为"作战室"。如果与竞争对手的战斗失败，应该为此负责的高管则会为自己协商"黄金降落伞"，让自己能够避免承担责任。

如果一家公司处于战争状态，怎么会有以爱领导的空间呢？1970年的以第二次世界大战为题材的电影《巴顿将军》（*General Patton*）中有一个经典场景，巴顿将军（乔治·斯科特饰演）在医院探望受伤和垂死的美国士兵，遇到一名正在哭泣的士兵，这名士兵很明显患有创伤后应激障碍综合征（PTSD），但巴顿并没有对这名士兵表示同情或关心，而是表现得非常愤怒，对他的哭泣行为不断进行言语和身体的攻击，并一再羞辱他是胆小鬼，让国家蒙羞，并发誓要把他立即送回前线，让子弹取他性命。巴顿甚至伸手去掏枪，如果不是被医生和下属及时制止，他真有可能实施那个粗暴的正义。

这个场景部分取材于真实事件，巴顿将军的确是个典型的

第 2 章 以爱领导

老派军人。当然,在过去几十年中人们的标准和视角也在持续变化,对诸如 PTSD 这类症状的理解也在不断提升。巴顿呈现出典型的阿尔法阳性领导力(alpha-masculine leadership)的特质,这种特质在战争中很常见,也在许多场景中被推崇,其中就包括商界。我们历来钦佩"强大的领导者"(如巴顿将军),因为他们会尽一切努力来击败危险的敌人并赢得战争。在某种程度上,这可能是在真正的冲突中必要的素质,但是为什么要以这样的角度来看待商业呢?从战争角度来思考领导力时,爱与关怀不一定是美德,而是潜在的弱点!因为在这样的情形下要求极为特殊的领导风格。诚然,在事态紧急、生死存亡的情况下,爱有时需要退居二线,但现在或许是时候重新反思商场是否真是战场了。

我们在描述商业时还经常使用达尔文式的进化论词语。毫无疑问,使用诸如生态系统、生态位、新颖性、适应性等进化类语言或意象确实有助于表述商业活动,但过于频繁地使用达尔文式的术语会激发起无休止的生存竞争。我们经常听到的描述包括"优胜劣汰""自然选择""外面是个大丛林""这是个弱肉强食的世界"等。

英特尔前首席执行官安迪·格鲁夫(Andy Grove)经常说:"只有偏执狂才能生存。"[2] 广受欢迎的电视节目《创智赢家》(*Shark Tank*)也极大地鼓励了美国企业家精神,但令人遗憾的是,这个节目的整体框架是基于达尔文主义的,无数的创业者将自己的商业方案推销给难搞的风险投资家或"鲨鱼",只有最佳方案才能在这"残酷的竞争"中获胜，最终得到资本的支持。"鲨鱼池"已成为一个广为人知的商业隐喻，强化了嗜血冲突是商业的基本现实这一观念（或神话）。

除了非常勇敢或是异常愚蠢的人，谁会爬进装满饥饿鲨鱼的大水池呢？如果商业世界确实是个"优胜劣汰"的世界，爱在其中会有什么样的位置呢？如果得为自己的生存而战，那么爱一定要等到我们在竞争中获胜之后才会来到。那一天真的会来吗？如果我们陷入这样的隐喻中，可能就等不到那一天！

对商业领域的描述除了战争和自然选择类词语外，当今最盛行的隐喻大概来自体育竞技领域，比如"全垒打""持球触地""灌篮""队员靠拢""执行比赛方案""组队"等。罗伯特·基德尔（Robert Keidel）的《竞赛方案：竞技体育战略的商业实践》（*Game Plans：Sports Strategies for Business*）就是一个很好的例证，展示了竞技体育如何影响了我们对商业的思考。

相较战争和丛林的说法，竞技比赛的语言和意象已经好很多了。它们除了暗示必要约束条件，如规则、体育精神和公平之外，同时也强调正向的美德，比如挑战、乐趣、创造力、团队合作和追求卓越。竞赛的隐喻很好地反映了为赢得更大市场份额的企业之间的对决需要给客户提供更高质量、更低价格和更好的服务。毫无疑问，竞争对成功至关重要，但这种商业理念中仍存在一些亟待解决的缺陷。

一方面，它有可能引发人们对不顾一切地赢得胜利的痴迷，而这可能会损害组织的整体利益和团队士气。加州大学洛杉矶分校棕熊队教练亨利·桑德斯（Henry Russell Sanders）说过一句名言："胜利不是一切……它是唯一。"[3]此外，传统的游戏和运动比赛通常只产生一个获胜者，而其他竞争对手或团队被认为是失败者。"没有人记得第二名"则是另一个广为流传的说法，它向人传递了冠军站在最高领奖台上的优越感。然而值得注意的是，商业领域并非如此，商业中总会有多个获胜者。事实上，当我们把竞技比赛的隐喻应用于商业战略时，最好基于多方共赢的背景，即主要的利益相关者在自愿进行的交易中均赢得胜利，否则他们一开始就不会进行交易（有关共赢方案的更多信息，请参见第4章）。具有讽刺意味的是，体育商业也会遵循多赢精神，由社群、球队、拥有者、队员、广告商和媒体公司共同构建了一个共同发展、互惠互利的生态系统。然而，如果使用的隐喻大多基于非赢即输的想法，这一点就很容易被忽视。

把商业当作比赛还忽视了一个现实，那就是在实际的商业交易中，极少的利益相关者会把它当成竞技比赛。客户、团队成员、供应商、投资人和社区以各种方式自愿地开展商业往来以实现互惠互利，而非在高竞争状态追求独赢。竞技比赛的隐喻也许可以激发公司高层思考如何超越竞争对手，但它很难打动公司生存所仰仗的更广大的利益相关者群体。

尽管如此，游戏和比赛的隐喻允许了组织中存在爱的可能性。本着健康竞争的精神，我们热爱自己的团队，与队友保持深厚的联结，享受友情带来的喜悦，关心我们的支持者（比如顾客）。而一旦赢家通吃的心态占主导地位，爱很快会被逼到角落。

最近，另一个结合了上述诸多要素（战争、达尔文主义和竞技比赛）的隐喻开始进入人们的视野。它源自 HBO 电视网热播剧系列《权力的游戏》(*Game of Thrones*)，该剧在全球 170 多个国家和地区播出，许多人开始将剧中传递的信息和商业世界相提并论。我们对此持不同意见。对那些并非属于其数以千万粉丝中一员的观众来说，剧情基本上是：在作家乔治·马丁（George R. R. Martin）创建的魔幻世界中每个角色都在竭尽全力，试图成为七国之王，坐上维斯特洛的铁王座。整个过程相当残酷无情，只有最坚强、最聪明和最有适应力的人才能活下来。在这个致命游戏中，战争是一种持续使用的战略工具。作为潜在君主之一的瑟曦·兰尼斯特（Cersei Lannister）说："一旦你介入权力的游戏，要么赢，要么死，没有其他的可能。"[4]

不用说，在这部剧里所有人都为家族利益所驱动，几乎没有真正的爱。在追逐权力的过程中，仅有的爱也经常受到践踏。"当爱的人越多，你就变得越虚弱。"[5] 这是瑟曦的另一个直白的领导力信条。她是不太可能被邀请来参加任何未来的觉醒商业领导力论坛的（尽管在激烈的生命尽头，她的确当了一段时间的维斯特洛女王）。

享受观看《权力的游戏》并不意味着我们希望用维斯特洛精神来定义商业道德。在这个充满敌意的世界里，阿尔法男和和女强人们竞相争夺权力、荣耀和地位。爱几乎被无视，就像

第 2 章 以爱领导

盔甲中的裂缝①一样。毫无疑问，除了这样的视角，我们还有更好的方式来诠释商业活动。然而，太多人甚至在没有意识到后果的情况下，依旧会抱有这样的想法，因此也很好解释为什么爱总会被束之高阁了。商业并非只有最强壮和最适者才能生存、仅存一个赢家和充斥着与竞争者交战的世界，而这与许多人认可的基本思维模式并不一致。

探索新的地图和隐喻

如果我们想让爱不再被束之高阁，并成为在家里和工作中都能熟练地应用这种强大人类美德的觉醒领导者，那我们必须以全新的方式来思考商业。我们需要探索新的思维模式和隐喻，进而接近和呈现商业最真实且优秀的本质。

但这并非说原来的隐喻毫无用处，它们也分别代表着商业的部分事实，就像竞争代表了追求卓越并超越对手，这是商业发展的重要驱动力，同时它能够激发出书中探讨的美德与优势，比如创新和领导者与团队的持续提升等。但如前所述，缺乏合作或服务等元素做平衡的竞争很快就会适得其反，对组织产生毒害。竞争并不会因为爱的加入而从领导力中消失，也不应如此。只是在企业运营中，它仅会在众多思考方式中占据一个合理位置，而非僭越为商业世界的唯一真相。

你也不妨为使命驱动、以爱为动力的商业提出自己的隐喻。

---

① 在欧洲古老谚语中，这用来形容弱点。——译者注

39

觉醒领导力

我们喜欢的一个例子是：与其将商业视为战争或丛林，何不把它看作社群？每一个企业由不同的自愿在商业活动中互惠互利的利益相关者构成，这个认识是觉醒商业的基本原则之一（见第61页觉醒领导力工具箱：利益相关者整合）。它遵循的是商业的更高使命中的一条，即为其所有重要利益相关者创造价值。当我们这样行动时，每个利益相关者就能蓬勃发展，商业和整个社会也将蓬勃发展。

如果将商业视为有共同利益的相关者组成的社群，那么很容易理解领导者的工作是采用持续多赢的决策为该社群的每名成员创造价值。过于习惯非输即赢的用语，导致许多领导者难以转向新的思维方式。社群的隐喻有助于思维的重新框定，允许我们的心智自由地工作，从而创建有益于关键各方的新方案。它还有助于我们认识到释放爱对整个组织有多重要，爱可以帮助我们更好地了解各个利益相关者的需求和欲望，以及更加关心如何实现它们，从而更好地为他们创造价值。爱是能将各方凝聚起来的神奇黏合剂。

当利益相关者感到自己被企业关爱时，他们会倾向于将得到的爱回馈给企业，并感谢企业为他们创造的价值。这不仅仅意味着交易，它会创建一种社群的体验。在当今世界，真正的社群就像众多商业品牌里熠熠生辉的圣杯。为了给品牌创建一个有黏性的社群，我们曾经白白扔掉了多少营销资金！如果投入一点真诚的爱，会有怎样的不同呢？觉醒领导者努力使整个社群不断地蓬勃发展，而在这个过程中，释放爱是至关重要的。

第 2 章 以爱领导

如果客户感受到自己是社群中的一员,他们将成为企业最大的拥护者和最优秀的推销员;同时,员工也将为企业恪尽职守,与企业荣辱与共;供应商将给予企业更优惠的待遇,与企业紧密合作,共同致力于产品与服务的创新。

从初创公司到小企业再到大公司,在这个过程中,还可以用哪些隐喻来体现人类的创业精神?在某些方面,这个问题的答案与我们如何解读人类体验有关。人类是进化历程中非常独特的动物,没有其他物种与我们完全一样。较高等的哺乳动物具备一些不同寻常的特征,拥有突出的智力水平,也会有某些值得尊重和保护的意识形式,但它们尚未发展出如智人一般的认知能力。生而为人,我们在商业和领导力领域也应创造新的神话、新的故事以及新的方式。战争是人类社会悲惨的一部分,但这并不能定义我们的全部。达尔文式的生存斗争是非常真实的,但除了这类原始本能,生命本身还意味着更多。部落制是社会组织形态的一部分,但我们并不是纯粹的社会地位的信奉者,我们有时会成功超越这些。我们的隐喻不也应该实现超越吗?

人类也是情绪饱满、富有艺术想象力、喜悦、欢笑以及信仰不断跃升的造物。我们想象新的现实、发明令人惊奇的事物、拥抱更广阔的视角、创造非凡的美感、发现全新的现实、建立社群并认真反思所有过程。我们会爱!人类这个物种拥有以上所有能力并不断发展出更多,商业也应如此!人们很容易默认精确也许代表着我们的生物性或某些进化本能的思维模式,但它无法全面呈现生命真正鲜活的状态。

服务型领导力

近来，另一个鼓励在商业中多些关爱的理念与实践是"服务型领导力"。在依然充斥着冲突型隐喻的商业环境中，过去几十年中发展出来的这个趋势尤其特别，让人印象深刻。它就像特洛伊木马一样将友爱悄悄植入了美国的企业高层，在星巴克、西南航空、容器商店和万豪酒店等组织内得到广泛的实践，并获得了像斯蒂芬·科维、彼得·德鲁克、肯·布兰查、沃伦·本尼斯和彼得·圣吉等商业思想领袖的支持。从本质上讲，服务型领导力将领导者的角色重新定义为服务于组织的领导者，而不只是对其施加控制权。

这个想法源于美国电话电报公司（AT&T）前高管罗伯特·格林利夫（Robert Greenleaf），1970年他发表了《服务型领导者》的文章。在那个反主流文化的变革时代，传统权威受到各方的质疑甚至被推翻，格林利夫此时也正在进行深入的内在探索。他的指引性问题是："在哪里可找到正当权威的自然来源，从而实现有效的领导？"他在赫尔曼·黑塞（Hermann Hesse）的小说《东方之旅》（*Journey to the East*）中找到了答案的线索。小说中有一个仆人名叫里奥，他为人谦逊，带领一群朝圣者穿越沙漠，寻求最终的真理。直到里奥失踪，团队解体后，所有人才最终意识到，那个一直帮着背负行李并照顾他们的人实际上才是他们宗教追寻之旅中伟大高贵的领袖。受故事的启发，格林利夫撰写了这篇具有传奇意义的文章，并引发了近50年来最有影响力的一场领导力思想变革。这个概念形成以来的几十年中，它变得越来越与时代同频，因为传统的公司权力层级制度遭到了各方的批评，新一代领导者开始尝试更加民主平等的机制。

服务型领导者被定义为优先考虑他人需求的人，他或她的权威来自内心助人的动力。领导者通常被认为是那些在前面带路或在高处指挥的人。然而，服务型领导者的理念颠覆了传统，他们没有将自己安置在层级制度的顶层，并通过权力实施控制。恰恰相反，服务型领导者将自己放在金字塔的底层，扮演为组织所有利益相关者提供服务的角色。一些该理念的拥护者将他们的服务聚焦于客户的需求，从而为客户提供卓越的产品或体验，如乔氏超市、亚马逊、美捷步、家得宝和丽思卡尔顿。另一些则把员工的发展和赋能放在首位，通过支持员工的成长和发展来获得员工的忠诚和高绩效的回报，诸如诺德斯特龙百货和西南航空等都采用了这项策略，并取得了巨大的成功。无论侧重哪个方面，服务型领导力都是行动中带着关爱的表达，是"战场血拼"或"鲨鱼池"模式的解毒剂。

的确，服务型理念之所以显得如此激进，是因为它颠覆了传统认知中与商业成功密不可分的有关权力、支配和赢的概念。乔纳森·凯瑟（Jonathan Keyser）是亚利桑那州凤凰城的一位商业地产经纪人，他曾经在商业上经历过一个相当剧烈的转型。回顾自己职业生涯的早期，他坦率地说："我曾是个冷酷的混蛋。"这一点儿也不稀奇，他所处的行业简直就是本章开头引用过的那类隐喻的典型。有个同事曾提醒他："这个行业里到处都是鲨鱼，每个人都单打独斗。在这里，好人通常会受欺负，让自己保持第一名的位置需打起十二分的精神。"[6]

凯瑟很快就亲身体验到了这种冷酷的竞争文化。经纪人们经常操纵和伤害彼此、对客户撒谎，还不时剽窃对方的业务成果。他说："这些情况屡见不鲜，你甚至不会相信这些是合法的！"因为永远无法知道谁会来偷听，他学会了在汽车里接重要的电话。他学会了周围人的做法，坚信这样是为了成功。事实上他也确实成功了，入行第一年就赢得了"年度最佳新人"奖，此后也不断获得丰厚的经济回报。他喜欢这一行，却感到压力重重，他也不时地反思，越来越意识到自身行为与传教士父母养育他的价值观之间的割裂。正如他后来提到的，从业十年后，这类"背后捅刀子的苦差事"已让他完全迷失了自己。[7]

一切的改变源于凯瑟参加了一次行业大会的分会场交流活动。当时有位演讲者分享了一种方法，即通过服务发展关系来播下种子，并坚信未来会有回报。凯瑟被打动了。他问自己："这有可能吗？行得通吗？如何做？为什么？"最重要的是，他想知道如果这种助人的策略可以让自己成功，那为什么没有更多的人这样做呢？

演讲者有个现成的答案："因为过程太漫长"。他解释说，这种商业模式需要长期的愿景，很少有人能保持足够的耐心坚持下去。"你现在做的就像打猎，出门射中一头鹿，接着吃掉它，但第二天起床后必须从头开始。新方法更像种植，种下一棵柑橘树，精心地呵护着，经过数年的成长，一旦开始结果，收获

第 2 章 以爱领导

的果实就会多得让你吃不完。你一定要培养这些关系,随着时间的积累,你就会建立起一个非常能够支持你的人际网络,其中的资源如此丰富,以至你都不需要销售团队。"

在回程的飞机上,凯瑟心潮起伏。他能在竞争残酷、短期利益驱动的商业地产业实施这种服务领先的业务模型吗?这是疯狂还是明智的做法?他决心一试,并且知道这种转变首先必须从他自身开始。他说"我开始在工作中重塑自我"。从此,他开始逐渐褪去过去十几年来的"冷酷"模式的行为习惯。

凯瑟的新方法是真正地秉承服务的精神:与人联结并帮助他们获得所需的一切。他没有寻求销售线索或推广自己的服务,而是选择加入了社群或帮助当地的非营利组织。他开始积极地想办法去尽力帮助遇到的每个人,不仅是潜在的客户,还包括他的团队成员、供应商,甚至是竞争对手。"我预订了数千杯咖啡、午餐、饮料和晚餐。我陪人坐下来,倾听他们的故事。"他回忆道。在每次谈话过程中,他坚持从中找到至少三个具体而有价值的对他人的支持行动。当得知一个潜在的客户刚刚离婚,他送了一本关于重新开始的书给她。他帮助另一个客户的女儿找到了实习机会,甚至帮助其他经纪人拿到订单。他带着一丝玩笑分享说,自己的团队"以礼宾服务来做地产销售"。即使没有潜在的商业机会,他也鼓励团队孜孜不倦地寻找帮助人的机会。当得知一个潜在客户的妻子患有罕见的血液病,正面临死亡的威胁时,他的团队专门花了几天的时间搜寻州内最有名望的专业医生。

这样过去了几个月、几年，其间并没有因为他的奉献精神获得丰厚的财务回报，凯瑟的同事和朋友，甚至妻子都开始质疑他这么做是否明智。竞争对手也嘲笑他幼稚和不负责任。然而，即使怀疑的声音纷至沓来，他也始终记着那个男人和那些影响自己走上这条路的话，他继续播种。缓慢而明确的是，这些种子开始萌芽，转介销售开始向他涌来。那些他几年前帮助过的人需要地产经纪时就会想到他，或者向周围的朋友推荐他。

通过坚持实践服务型领导力，凯瑟的公司在竞争激烈的亚利桑那州房地产市场站稳了脚跟，现已成为最大的商业房地产经纪公司，也是美国发展最快的公司之一，而这一切都源于服务精神。"我不推销，不劝说，也不必说服他人。我只是提供服务，而越来越多的业务接踵而来，甚至都让我们有点忙不过来。"他也表示："以前我很冷酷，只想让自己保持第一，其实那时的行为是自毁根基。现在，当我们带着爱提供服务，无论走到哪里都在创造伟大。每个人都在努力帮助彼此！"

爱的多面性

爱不只有一面，它是一种多姿多彩的美德。就像因纽特人用很多词语来表达"雪"一样，我们也需要不同的词语来传递爱的细微差别。古希腊人有几种关于爱的分类，包括友情（philia）、情爱或性爱（eros）和无私的爱（agape）。在恋爱或家庭生活中，爱有一系列的内涵，而在觉醒领导者的视野中，爱又有另一套含义，包括诸如慷慨、感恩、欣赏、关心、同情和宽恕等品质。爱是一种与许多美德相关联的"主美德"，当它们彼此联结时会将爱的内涵展示得更加完整。除非理解并实践爱的诸多表现形式，否则人们就无法完整地理解爱。让我们进一步观察爱的某些特征，并学习如何实践它们吧。

慷慨意味着丰盛，这是理解这一美德的最佳方式。它不是自我牺牲，这一点被许多人误解。人们常常以为，如果将某物给予他人，就必须有所放弃，即一方受益必有一方受损。但真正的慷慨是丰盛的流动，是由衷地希望分享我们所拥有的以帮助他人。它并非产生于罪恶感或责任感，而是源于我们对自身以及所属宇宙丰盛性的充分认知。这种丰盛的精神自然地希望给予、分享和帮助他人。当然，它可以有多种表达方式，我们可以慷慨地分享时间、精力、金钱、知识，甚至精神。

"我们给予他人之前，要先给予自己"是一个重要的灵性真相。关于这一点，领导者们应该多花些时间来反思。慷慨的精神会首先在我们的心和脑中被唤醒，然后才能向外散发。一旦有意识地认识到慷慨不仅对接受者有益，而且对给予者有益，那么给予的欲望就会在我们内心深处不断生长和加强。我们将创造一个爱的良性循环，即在滋养他人的同时滋养自己。想象一个慷慨精神是其文化关键属性的组织该是什么样的状态！

具备这样美德的觉醒领导者们会发现自己成了真正的服务型领导者。我们可以向年轻的领导者提供督导与教练，从而帮助他们学习和成长。如果生活已达到财务安全的水平，我们甚至会决定将大部分或全部的报酬以及部分时间捐赠给我们所热爱的非营利组织，并以慷慨的态度继续自己的工作。世界的需求事实上是无限的，而且急需我们的服务。

练习慷慨：与慷慨者同行

让自己和慷慨的人共处是一种很好的练习慷慨的起点。这些人的慷慨与服务将有助于唤醒和启发我们。找到这些人并仔细观察他们的行为。慷慨无须宏大，可能只是帮伙伴在截止日期之前完成工作或熬夜指导年轻的同事。受榜样启发之后，你可以通过送出小礼物或服务他人的行动来激发自身的能力。随着时间的推移，你将逐渐发展出伴随着持续练习变得日益强壮的内在"精神肌肉"。

感恩是在生活中获得幸福感的关键要素。感恩不必有特定的对象，我们几乎可以感恩任何事物，甚至感恩我们当下还活着。能在世间行走，遇见他人，感受爱和生命的丰盈，这一切都是奇迹！伟大的作家 D. H. 劳伦斯将此表达得淋漓尽致："无论未出生者或往生者可能知道什么，但绝对无法领略当下活着的美丽和奇迹……当我们活着，在肉体中此时此刻的存在是我们的，只属于我们，并且只有一次。作为宇宙的一部分，让我们为了鲜活的生命欢欣起舞吧!"[8]

如果每天都能认识并感知这一真相,我们就能扩展内心和意识,愉悦和幸福也将更长久地陪伴我们的人生旅程。更重要的是,这种感恩提供了一种领导者视角。在应对不可避免的领导力挑战时,有时会出现强烈的向内收缩的趋势。在这种情况下,我们极易变得短视,只顾及自身的问题或不适,导致我们最终将注意力聚焦到了我们所不满的或者是被他人误解的情形,而这些在生活中始终是屡见不鲜的。

你听说过意愿的力量,对吗?那么千万不要低估专注的力量。一个重大的生命秘密就是:我们宝贵的专注力所聚焦的位置与内容会深刻地影响我们对生活的体验。专注于哀愁和痛苦,会不可避免地导致不快乐,我们的内在会崩溃。但若换成感恩,专注力就会自然向外扩展,为更深度的认知创造空间。这种专注力的转移和感恩的练习,允许我们将真实的问题和抱怨放进一个更适当的背景与视角之中。感恩是解锁心灵的钥匙。如果每日都能充分表达感恩,我们不但可以成为更成功的领导者,而且会体验到远超想象的愉悦和幸福。

感恩练习:早晨、中午和晚上

尝试以一分钟感恩开启每一天——静思宇宙的神奇以及活着的美妙!如果你有晨间禅修或灵性练习的习惯,那么可以先做感恩练习,这样将能够深化其效果并且令接下来的一整天都更加丰盈。你也可以在其他类型的早锻炼之前加上感恩练习。

就餐时间是表达感恩的绝妙时机,很多文化传统都有这样的教导。在用餐前花点时间表达对食物的感恩,联结人们的心,并帮助大家更加深刻地体会生存和生命(它也很有实用性,通常会促使人们更缓慢和认真地就餐,而这非常有助于消化)。

许多人坚持写感恩日记。在每天的尾声夜间休息前,他们会简略地记录白天的经历和感想,特别聚焦于他们所感恩的事情。这是入睡前安心静神的绝佳方式,也能让人更深和更平和地入睡。

欣赏。专栏作家乔治·威尔(George Will)在2019年普林斯顿大学毕业典礼的演讲中,向常春藤联盟的未来领导者们传达了一个信息。他提醒人们要警惕当代文化中在公开表达时趋于暴怒和义愤的现象。"在这个愤怒的时代,贬低他人是许多美国人的默认设置。"取而代之,他建议年轻的听众们学习欣赏和赞扬的美德。"睿智地赞美是一种才能,而且可以后天习得。像所有美德一样,这是一种习惯,也是我们现在所迫切需要的,多多益善。这是一种识别和欢迎其他美德的美德。"[9]

领导者最重要的工作之一就是向卓越致敬,正如我们在全食超市的会议中所做的那样,去看到它,识别它,并欣赏它。

但记住，欣赏必须真诚。人们会极为敏锐地察觉到误导性的或言不由衷的赞美。当我们真正欣赏某人时，不仅会使接受赞美的人感觉良好，还有助于建立信任并打破人与人之间的隔阂。毕竟，我们很难对真诚欣赏自己的人保持评判的态度。这是一个双向流动，真正的欣赏几乎不可能在没有打开自己的内心时产生。我们花大量时间评判别人的言行，大多数人内心都住着一个批判家，不间断地评判自己和他人。真诚的欣赏能暂时击破这个批评家的力量。当真正欣赏他人时，我们会关闭评判的声音，这让我们得以敞开心扉。顷刻间，爱就能破闸而出。这个做法极为简单，却给我们的组织文化带来了难以想象的好处。

觉醒领导者需要积极地表达欣赏。有时我们可以成为强势的领导者，我们能够也应该变得强有力，但最终，人类对于关怀和欣赏的反应最热烈。务必谨记，我们在商业领域的成就无一不是通过与人合作而达成的。那就是觉醒领导者要做的事情，即鼓舞、激励、发展和领导他人。充分欣赏他人分享给我们和团队的礼物，这不仅可以鼓舞人心，而且还会创造一种有益的满足感。

对于领导者和组织而言，表达欣赏既容易操作，又能产生极大的反响。它们能聚拢人心、生发友情，并帮助建立信任。因此觉醒领导者应考虑通过各种方式使欣赏文化成为组织的习惯，相信他们的团队一定会为此深表感激。

让我以个人化的语调来结束本节。过去40多年中，对于能和一群让人真心赞叹的全食同事共事，我一直心存感激。没有他们，公司和我个人绝不会有今天的成就。每一天我所共事的伙伴们既才赋过人，又体贴周到、热情洋溢。我每天都不厌其烦地向大家表示欣赏和感谢。我无比感恩同事们为使全食超市变得更好而做的所有事情。我深深感谢所有利益相关者，其中包括我们的团队成员、客户、供应商、社群和母公司亚马逊。

欣赏练习：抓住人们做对事情的时机

肯·布兰查（Ken Blanchard）在他的畅销书《一分钟经理人》(*The One Minute Manager*) 中分享了一种做法，他称之为"抓住人们做对事情的时机"。日常生活中，大多数人的行为反而是习惯于挑错，随时准备指出他人的过错。将注意力转移到人们的良好行为上，将有助于将我们的意识提升到深度欣赏的品质。你日常工作中的每一天都可以这样做，但无须局限于工作场合。练习向最爱的人表达真诚的欣赏，将会把这些关系带到一个共同幸福的新高度。

关心。员工对领导者是否真正关心他们总是心知肚明。当领导者在工作中看起来很冷漠，实质上就在传递他们并不是真的关心别人。当我们以"人力资源"的名义只关注他人的使用价值，视之为物体对象而非值得欣赏和珍惜的独立主体时，员工们不会不知道。社会资本在任何工作环境中都极为重要，当领导者对人的关心低于某条基准线时，就会失去众人的尊重。"人们总是努力地劝你在职场中不要带同理心，"苹果首席执行官蒂姆·库克（Tim Cook）说，"千万别接受这种谬论。"[10]

谨记，不管是正面还是负面，领导者所做的一切都会被放大。就像俗语所说，领导的低语听起来也像是咆哮。因此，当我们尽力扩展自身去关照团队成员、客户或其他利益相关者时，将引发巨大的涟漪反应。随着时间推移，善意的累积会带来显著的积极影响。与此同时，时刻觉察自己给团队的示范行为非常重要。如果我们作为领导者都不关心他人，那团队成员凭什么要这样做呢？

真诚的关心是一种道德想象。原因是它要求我们能产生一个认知飞跃，设身处地地为他人着想。当然，这听起来是老生常谈，但事实上如果不切换到对方视角，是很难深入地关心他人的。这在某种程度上需要一种超越个体短视的世界观的能力。这对于有基因联系的家庭成员来说要容易得多。在此，生物进化多少有些帮助。除此之外，对于处在一个紧密关系网中的，或是我们自己所属"部落"一分子的人，做到互相关心也是相对容易的。但要对不太熟悉的同事、合作者、客户、团队成员以及组织中的其他人表示关心，就需要更大的同理能力。这需要极大的心理跨越，许多人做不到。但是，我们如果能够学习迈出这一步，将发现向客户、供应商和组织中的其他利益相关者自然地表达真诚的关心，会容易得多。我们能更理解大家的深层需求，而这总是能够帮助提升我们自身的领导力。

练习关心：我如何能帮到你？

练习关心意味着不断地问自己："在这种情况下，我可以如何提供最大的帮助？"在大多数情况下，总有我们可以做的事情，然而一旦忘记保持这样的询问，我们就很可能错失良时机。有时关心可以很简单，轻轻的一句表达就能带来巨大的不同。

同情是经常被表述为爱的同义词，它是一种极具力量的美德。印度的灵性导师安马基（Ammachi）曾说："丰盈的神之爱绽放出美丽芬芳的同情之花。"[11]这种理想的品质并非只为圣贤或智者所有，在世俗的商业世界中，同情一样可以激发出重要的领导力品质。传统上，同情心（或慈悲）通常被理解为对无常和死亡的深刻对抗。当一个人面对这个世界上存在的苦难以及我们必将死亡的事实时，内心自然升腾出来的感受就是同情。尽管我们不愿承认，生命最终表现出的看似灰暗的图景，其中却蕴含着深刻的真相。我们以感恩和好奇的方式庆祝我们的存在，同时也接纳生命的有限，每个人必会经历痛苦、失去、死亡和悲伤。

第 2 章 以爱领导

正如感恩和欣赏在认识生命的诸般神奇与丰盛的过程中会自然地生发出来，同情也源于对我们的共同的苦难和痛苦的认识。在苦难现实面前，心怀同情难道不是我们对每一个生命最好的回应吗？感受并表达真诚同情的领导者会唤醒其自身内心深处的精神品质，并以此激发其他人。真正的同情会使他人建立信任、承诺和忠诚。同情汇聚人群，提醒着我们生命真正的意义所在。

同情心练习：全然当下

同情心的美德看起来境界很高，但实际上练习同情的第一步非常简单，只要留意周围发生的一切即可。与其梦游般生活、迷失于自身的念头之流，不如清醒过来并安住于生命当下的流动。当我们能完全地处在每一个当下，就会开始注意到其他人的恐惧、悲伤、愤怒、疾病、低自尊和沮丧。同情是人类面对痛苦和苦难的正常反应，但只有我们处在当下时才能觉察到。然而，活在当下并非易事，通常我们会倾向于麻醉自己的意识，以免关注到自己和他人的痛苦。像任何技能一样，练习处在当下（或佛教传统的"正念"）的次数越多，就越能看到苦难，而我们心中也会涌现更多的同情。

觉醒领导力

宽恕是爱的重要一面，也是常常被忽视的领导技能。也许是因为这项美德对大多数人来说并不容易。太多的人心怀怨恨，不肯放手。但就像握着一块烙铁，如果时间太长，它就会烫伤我们。当我们拒绝宽恕时，就更倾向于指责别人。而成功的领导者不会陷入这种自我损耗，他们也不会把时间浪费在自我怜悯上面。通过简单的宽恕行为往往会释放让人难以置信的能量。

宽恕意味着原谅他人伤害我们的行为吗？答案是否定的，同时它也不代表忘记或否认这些行为造成的痛苦。但是，我们无须用评判、斥责或受害者的心理暗示等方式来伤害自己，加重这种痛苦。觉醒领导者会通过宽恕来示范高水平的责任感。

无论意图是什么，我们都会因刻意停留在负面情绪里而伤害自己，并被困在狭小的受害者心态的牢笼里。只有真正的宽恕，才能使我们逃脱。心理学家路易斯·史密德（Lewis B. Smedes）曾经很有洞察力地写道："宽恕就像将囚犯释放，事后才发现那囚犯就是你自己。"[12] 练习宽恕会将我们的宇宙重新扩展回充满爱与善的空间，在那里我们的生命能够绽放，并体验到真正的幸福。事实上，当今的世界很容易发生互相攻击，暴行文化也主导着社会媒体，人们格外需要认识且借助宽恕的力量。过上真诚又充满爱的生活至关重要，当我们宽恕时，因过错带来的罪恶感、自我评判和痛苦最终都能得以放下。宽恕他人时，还会发现另一件美妙的事，那就是我们自己也将得到宽恕。

宽恕练习：流水冲蚀山体

宽恕并不总是容易的。选择一个很难让你设想会宽恕的人。对你来说，无法想象自己会走近那个人并说出"我原谅你"这句话。没关系。请记住，宽恕并非纵容或遗忘。我们甚至不必直接告知对方，但要做到的是，真正放下自己内心的不满。你可以先从聚焦于一个清晰的宽恕的意愿开始。起初内心可能很抗拒，尤其是面对很深的不满时。但是，只要持续真诚地练习，如同河流冲蚀山体那样，阻力必将慢慢减弱。坚持是宽恕的关键。最终，你会摆脱情绪的沉重负担，体会到真正的自由，并渐渐开始有能力和曾经伤害你的人重新联结。

作为力量之源的爱

当谈及爱的美德，通常最先想到的是那些关于爱的支持、滋养和温柔的面向，我们也在前文重点介绍过。坦率地说，很多领导者都缺乏这些品质，这也是为何我们经常强调它们需要走到商业的前台，受到大家的重视。但同时不应忘记，爱的表达中还有一个更坚强的面向。正如一些智慧传统中所描述的，同情和奉献是圣徒和诸神的典型品质，其实还包括了公正的、高度的热情。这一强有力的爱的面向深切关注个体进步和潜能的充分发挥。就像非常关心子女成功的父母那样，这种爱的表达可能会显得强硬、有挑战性，甚至有时没有妥协的余地。这不是接纳和安慰的爱，而是要求和激励的爱。对觉醒领导者而言，这种爱表现为对个体和组织更进一步、成就更多、活出他们更高使命的深切渴望。

以爱领导并不意味着始终展现出欣赏的姿态、无私服务或一个敏感且支持性的文化。在某些情形下，觉醒领导者还需要超越对人与利益相关者的滋养，体现出爱的力量的面向并挑战他们。这并非指高压管理，而是领导者在恰当时机提醒人们实现更高水准的绩效、成就与卓越。这样的行为并不违背以爱领导的原则，相反，它们可以是一种重要的表现形式。

照护者之心

安迪·伊比（Andy Eby）从小有个梦想，不是关于如何爱，而是如何打击、阻挠和对付他人。他从小就想参加美国国家橄榄球联盟（NFL）的比赛，但困难在于他并没有运动天赋。幸运的是，他拥有更强大的东西，那就是全力以赴的品质。于是他刻苦训练，开发自己所有的潜能。一步步地，他实现了自己的目标，最终为格林湾派克斯队和圣路易斯公羊队效力，为当时那些最伟大的四分卫传球。尽管梦想实现了，但他的生活并未如意。有时候，当你得到想要的东西后，才会意识到这根本不是自己想要的。对安迪来说，NFL 的生活方式让他怅然若失，过于强调个人成就以及总是过度关注下一份合约的文化让他迷失，他渴望实现人生使命，拥有更加有意义的生活。它有可能会以爱的形式出现，毕竟，爱是他家族生意的起点。

安迪的祖母患有阿尔茨海默病。为了能让她安度晚年，多年来家人们一直努力尝试为祖母找到优质的照护资源。当时许多疗养院看上去冰冷、极度官僚化，存在着很大的改善空间。因此，安迪富有创业精神的父亲最终决定自己开办一家名为比克福的养老照护机构，安迪的祖母就是第一位客户。这个商业项目极具使命感，也取得了成功，安迪离家打球那些年里它一直发展得很好。2000年初，父亲病倒，生意陷入困境，开始出现了亏损。也是在这个时期，兄弟们邀请他共进午餐，问他是否有兴趣摘掉NFL的光环，回来为家族企业工作。安迪脱口就答应了，速度之快让包括他自己在内的所有人都感到惊讶。

加入公司后，安迪了解到扭转公司状况不是仅仅解决损益表和资产负债表的问题，比克福的经营必须重新和公司的初心相连接。这意味着要再次激活关爱精神的内核，即他的家族最重要的信念和愿景。安迪和他的兄弟们意识到，他们需要先加强自身以爱领导的能力，再扩展到整个公司。毕竟，他们从事的就是关于爱的事业。

在负债累累的公司经历了一系列濒临破产的危机之后，安迪明白了一个组织变革中无法回避的真理，即领导力是关键。他说："如果你想发展业务，就必须发展领导者。"经过一番深刻的自我探寻后，他踏上了成为觉醒领导者的旅程。作为行动之一，安迪决定写一份公司宣言。他并没有把这个任务丢给市场营销机构，而是亲自构思，字斟句酌，慢慢梳理并打磨语言。每次走访公司各处的养老中心时，他都会与那里的照护者讨论，包括：宣言中的表达真实吗？能引起共鸣吗？需要增加什么？哪些是重要的主题？这些文字是否能真正抓住照护者的心？花了整整一年的时间，他从全国各地的照护者那里寻求反馈。当他最终完成这项工作时，发现这个创作的过程本身已经让他产生了改变。起初他以为自己是替他人表达心声，后来意识到这个过程唤醒了他本人内心的照护者。"我意识到自己需要把照护者的爱注入工作的方方面面，并需要学习如何以这种爱来领导。"

公司在弗吉尼亚州的弗吉尼亚海滩开了一家比克福辅助生活中心，就像以前新中心开业一样，安迪参加了开业仪式。但这次不同于以往，不仅有新宣言，还有他对于比克福事业本质的全新理解。当带领新团队进行照护培训时，他体验到了人们前所未有的活力。大家纷纷站起来分享自己对于爱、关怀以及在新中心创造美好氛围的责任感。

"简直难以相信，"安迪回忆道，"我几乎什么都不用说。每个人都在分享和教导我们的价值观，一个接一个。我知道这听起来有些离谱，我认为那个培训日可能是美国企业历史中最好的一次。"通过学习以爱领导，安迪得以释放出一个自由空间，使其他人也可以仿效。从一名拥有强壮体格的 NFL 前锋转变成一名温暖细致的照护方式的倡导者，这个旅程让他的内在发生了极大的转变，但更重要的是，这也改变了整个组织，从而让

第 2 章　以爱领导

公司能够真正展现其原初使命的精神。

在对领导力的探讨中，爱是最没有被充分运用的美德，但同时它也拥有最强大的力量。一旦我们将商业重新构想为从根本上是为了实现更高的使命，并创造与之匹配的新隐喻，我们就可以在组织中释放爱。在这个新的理念中，尽管利润依然被认为是企业追求其使命的必要燃料，但利润最大化将不再是企业存在的理由。随着这种认知背景的调整，以服务、慷慨、感恩、关心、同情、欣赏和宽恕等形式展现的爱的美德将焕发生机。在组织内勇敢地释放出被束之高阁的爱的能量，也许是那些想为觉醒商业贡献力量的领导者可以迈出的最重要的一步。

觉醒领导力工具箱：
利益相关者整合

利益相关者整合是觉醒商业的基本信条之一。如前所述，这需要我们从传统的公司治理观念"企业的主要责任是为股东增加利润"转化为如今的"商业服务于有共同利益和关注点的更广泛的利益相关者社群"。

"利益相关者理论之父"埃德·弗里曼（Ed Freeman）这样描述："每个商业项目为客户、供应商、社群、金融家创造（有时也会破坏）价值。那种商业是关于为股东带来最大利润的想法已经过时，最近的全球金融危机已经给我们上了一课……高管的任务是全心全意为

61

利益相关者创造尽可能多的价值。伟大的企业之所以基业长青，是因为它们能朝着同一个方向协调各利益相关者的利益。"[13]

从最广泛的意义上说，利益相关者可以是与企业互动的任何个人、公司或其他实体。在觉醒商业中，我们将利益相关者分为两大组：主要利益相关者的*内圈层*和次要利益相关者的*外圈层*。主要利益相关者的关系是创造共同价值的双向关系，通常具有持续性和自愿性的特点。对于大多数企业而言，这个内圈层通常由客户、团队成员、供应商、投资者、社群、社会和自然环境组成。次要利益相关者的关系更为偶发，有时非自愿，这个外圈层可能包括媒体、社会活动家、批评家、政府、工会和竞争对手。这些利益相关者与企业相关联，但可能不会像主要利益相关者那样自愿与企业建立互惠互利的关系。

对觉醒领导者而言，了解其业务运作所处的利益相关者关系网至关重要。我们鼓励你花时间绘制自己的内外圈层，并在决策过程中持续关注并慎重考虑每个利益相关者群体。领导者应考虑到所有主要和次要利益相关者的诉求和视角，因为各方在企业中都有自己关注的"利益"，并且他们都可以对企业产生积极或者消极的影响。

第3章
―
行事正直

> "领导者的最高品质无疑是正直。无论是在帮派中、足球场上、军队还是办公室里，离开正直，就不可能有真正的成功。"
>
> ——德怀特·D. 艾森豪威尔
> （Dwight D. Eisenhower）

作为首席执行官，如果你的公司规模翻了一番，利润上升，股东们很高兴，所有人都认为你干得很棒，你会怎么做？

如果你是 2008 年的雷蒙·门迪奥拉（Ramon Mendiola），答案不是"加倍下注你正在做的事情"。尽管金融危机迫在眉睫，董事会也认为没有理由要去破坏一件好事，但雷蒙听从了内心深处的声音，那就是"他可以做得更好"。他能够创建一家不仅赢利而且诚信的公司——一家不仅让股东致富，而且为所有利益相关者（包括更大的社会和环境）做正确之事的公司。

五年前，雷蒙担任佛罗里达冰农公司（Florida Ice & Farm Company，简称 FIFCO）的首席执行官，这是一家主营啤酒酿造的哥斯达黎加饮料公司。在他的领导下，通过将非酒精饮料、葡萄酒和烈酒添加到产品组合中，收购其他中美洲公司实现增长，从而实现了公司效益的提升和市场扩张。

雷蒙内心不满的种子是由他的一位高管吉塞拉·桑切斯（Gisela Sanchez）种下的。吉塞拉向他介绍了"三重底线"的理念，该理念将环境和社会影响指标提升到与财务业绩同等的地位，并以此来衡量一家公司的成功。她还指出，公司的慈善捐赠仅占利润的 1% 左右，与微软等公司的 8% 相差甚远。雷蒙反思道："我们需要进化以往的经营方式。我们得怀着一种更有意识、更包容、更全面的心态，让所有利益相关者分享我们创造的财富。"

一旦接触到这种思维方式，雷蒙就不能忽略其对自己的影响，也不能像以前一样继续"在商言商"了。像任何有着强烈诚信感的觉醒领导者一样，他感到有必要让公司与自己刚刚觉醒的使命感保持一致，他打算开始关注公司的环境与社会影响，并将其提升到与财务业绩同等重要的地位。

"你可以有这种意识，想变得更负责任，为更多的利益相关者服务等。但关键是你要怎么做呢？"幸运的是，雷蒙是一位执行力大师，他创建了一个流程。第一步，先聘请一家第三方调研机构收集来自更多利益相关者的定量与定性反馈，其中包括公司员工、合作伙伴、股东、金融机构、零售合作伙伴与供应商、非政府组织、政府监管机构和媒体等。在调研中，他们问这些利益相关者："我们可以通过做些什么来成为一家更负责任的公司？如何改善我们的社会或环境足迹？"

2008年，他们收到的反馈可以明确分为四类：首先是滥用酒精。像"母亲反酒驾"（Mothers Against Drunk Driving）这样的非政府组织指责像FIFCO这样的公司针对孩子展开市场营销，从而刺激了不负责任的酒类消费。其次是浪费。人们看到他们公司的瓶子被乱扔在海滩上，漂浮在河道里。再次是水。在哥斯达黎加，用水一直是一个大问题，人们担心像FIFCO这样的公司会把水从社区里分流出去。最后是碳足迹。FIFCO的500辆货车在哥斯达黎加的公路上随处可见，人们担心其排放超标，以及工厂生产环节设施产生的污染。

下一步是得到高管的支持。"我们应该采取一些措施来尝试减轻这些负面影响，这需要得到高管们的认可。"雷蒙说，"但如果我只是径直告诉他们这是我们正在做的事情，而他们并不明白其重要性，事情就会变得复杂起来。"一旦他的高管团队有了共识，就是时候设定具体目标了。"如果不能衡量它，你就不能管理它！"这是一句古老的商业格言。而雷蒙知道，要想衡量，你需要一个特定的目标。公司习惯于设定和利润、客户满意度与市场份额等相关的雄心勃勃的KPI，而现在，他们制定了同样雄心勃勃的与环境影响相关的目标。2008年，他宣布FIFCO将在2011年实现零固体废物，2012年实现废水中和，

2017年年底实现碳中和。他说:"我不知道我们要怎样才能做到,但我相信我们可以做到!"

在社会影响方面,他也设定了目标,旨在减少产品里面有负面影响的成分,尤其是酒精和糖。这不仅仅出于利他主义的动机,还具有实在的商业意义。雷蒙很清楚监管机构是如何打击烟草业的,他希望避免类似的命运。因此,他与监管机构以及其他政府官员合作,主动减少汽水中的含糖量,提倡更加安全健康的饮食习惯。

可衡量的目标固然很好,但雷蒙知道他还需要采取进一步的措施,他得把钱和良知挂上钩,不仅是他的钱,还有高管们的钱。FIFCO高管的薪酬模型里面有50%是可变的,这意味着他们一半的收入取决于公司财务业绩的传统标准,而雷蒙自己的薪酬中有60%是可变的。现在他提议将社会和环境指标纳入计算之中。换句话说,如果公司没有达到新的目标,高管们的薪酬就会减少。这不再只是一个附带项目,而是一项对组织激励机制的根本性重构。

董事会拒绝了。这太过分了,什么样的傻瓜才会在金融危机中决定改变公司的薪酬模式?一名身为董事会成员的纽约银行家直截了当地告诉他:"这是我整个职业生涯中见过和听过的最疯狂的事情!"雷蒙的整个计划都有可能被当场毙掉,或者被大幅度删减。但他没有被劝阻,反而在激烈的讨论终了时,他让董事会以4比3的票数勉强通过了这项提议。现在,经济KPI只占他们"记分卡"的60%,剩下的40%变成了社会和环境指标。

"你需要触动高管和其他领导者的心，"雷蒙说，"但当你改变薪酬时，那将导致行为上的改变，因为他们实际上已经上钩了。"有些人离开了，包括他的首席财务官，但剩下的高管们勇敢地迎接了挑战。

有了这些关键的变化，雷蒙和他的团队开始工作——测量、减少、调整、抵消，FIFCO实现了雷蒙设定的每一个环境目标，甚至已经超越了它们。例如，正如他所说，公司在2012年实现了废水中和，随后又达成了中水回用，把更多的水回流给社区，而不是抽走。他们改变了酒类消费的模式，从而在社会优先事项上也取得了显著的进展。公司还稳步增加了对慈善事业的投入，将8%的净利润用于战略性的社会投资。而这些变化都没有对公司的财务业绩造成损害，事实上，它还在继续赢利和增长。随着时间的推移，一度不情愿的董事会为公司在社会与环境方面取得的成就开始感到骄傲起来。

今天的FIFCO正在蓬勃发展，并吸引着有才华的年轻员工，对于公司为所有利益相关者服务的整体性做法，他们感到很兴奋。它已经成为哥斯达黎加的模范企业，政府官员和地方领导人都将其独特的商业模式视为国家的骄傲。自雷蒙加入公司以来，员工从1800人左右扩充到了6500人，收入也从1.5亿美元增长到了12亿美元。他认为，另一个好处是，在更稳定的立法环境中，监管机构真正把他当成了合作伙伴。但在他看来，最大的回报来自团队成员和客户的忠诚与热情。"我们并不完美，"

他说,"但我们有良知,他们能看出来。作为一家公司,我们正在尽我们所能保持正直诚信,当发现不足时,我们会采取具体措施加以解决。"

正直的内涵

正直是领导者都应该追求的一种美德,但我们不会假装它很容易或很普遍。在某种意义上,我们更容易定义它显然不是什么。正直不是说谎,不是偷窃,不是捏造账目,不是虐待团队成员,不是"漂绿"自己公司的市场宣传;它也不是做出未经证实的声明和错误的比较,不是误导你的客户或向公众隐瞒事实,所有这些都很容易被归结为失败的领导者"缺乏正直"的体现。但"正直行事"指的究竟是什么?尽管未来的回报和个人风险都不确定,像雷蒙·门迪奥拉这样的领导者,他们的内心却会涌现出一种改善公司行为与影响力的冲动。如何才能识别这类性格特质?我们又如何在自己的领导方式中培养出这些性格特质呢?像正直这样的美德是天生的,还是可以被后天发展出来的?

也许理解并最终体现这一关键美德的最好方法是将正直的内涵分离出来,如同白光被分离为多种颜色的组分一样。在谈到领导力时,我们选择了五种被认为是理解和践行正直美德的核心品质:讲真话、荣誉、真实、诚信和勇气。没有哪种品质能够单独用来定义正直,但依次探讨每种品质可以帮助我们识别出组成这种既难以捉摸又必不可少的美德的许多性格特质。

讲真话，也敢于听真话

讲真话。几乎没有比这更基本的道德律令了，正如托马斯·杰斐逊所写的："诚实是智慧之书的第一章！"[1]的确，诚实、讲真话连同真诚、公正和守信一起，是正直的基本要素。虽然这些品质在我们的文化价值体系中被普遍提及，但知行合一却很难。事实上，许多人都太容易撒谎了，也许并不是以特别恶劣或明显的方式，但还是暴露出不能够忠于事实的特点。

我们很多人每天都在无意识地说些小谎，在日常生活中，它们可能压根儿不会造成太大的差别。然而，貌似微小的谎言和严重的道德违背之间的界限并不总是显而易见的，当我们习惯于穿越这些领域时，这一界限甚至变得愈加模糊。在商业世界里，有多少道德甚至法律上的错失是从背离真实的小而无害的尝试开始的？当然，有时确实存在一些模棱两可的灰色地带，但这绝不应该成为文过饰非或歪曲规则的借口。

真相是强有力的，但它并不总是受人欢迎，这意味着讲真话往往是一个令人不安的举动。有时候，关于改变的真相必须被说出来，而我们对于说出那个更大的，也可能是微妙的、困难的，甚至危险的真相的时机则难以把握。有时候，这样做很可能会惹恼同事或挑战传统，我们是否能够坚持到底，以求真的名义去冒险撼动他人无意改变的现状？这种正直的品质非常稀缺，但真正的领导力有时需要如此。

我们的文化对讲真话的人往往是又爱又恨。人们尊敬他们，有时还景仰他们，历史甚至会赞美他们。但他们也会让人们感

第 3 章 行事正直

到不适。与这些人之间不是简单地"和睦相处"就可以的，他们会直面我们，并挑战我们的假设。他们会让文化的阴影无所遁形，他们还要求我们更仔细地查看集体生活中那些大家并不总是愿意去审视的领域。

那些明白诚实重要性的领导者努力创造一种环境，置身于其中，不管消息好坏，人们往往更容易说出真相。美敦力公司（Medtronic）的前首席执行官比尔·乔治（Bill George）曾对一名有选择性地向老板提供负面信息的同事说道："正直不只是不说谎。"[2] 对此我们完全同意，但要让这种透明标准融入企业文化，需要从高层做起，率先垂范。

正直作为领导者的美德之一，不仅需要自己说话诚实，也要求你乐于听别人的实话。福特汽车的一则逸事很好地阐述了这一点。2006—2014 年担任首席执行官的艾伦·穆拉利（Alan Mulhally）描述了他与高管团队的第一次会议，这次会议对于改变这家深陷困境的汽车公司的文化至关重要。当时的福特汽车实际上已亏损了数十亿美元，但这位新任首席执行官收到的信息却出奇地积极正向。几分钟后，他叫停了会议。"我们今年将损失数十亿美元，"他充满怀疑地说，"但为什么每个方面都是没问题的，显示出绿色？难道这里就没有什么不对劲儿的地方吗？"

事实证明，福特的高管文化倾向于把事情包装成积极正向的样子，并试图取悦老板，不愿意说出真正的、有时是残酷的实情。在接下来的复盘会议上，事情开始有所转变，因为高管团队已经收到信息——他们新来的领导期望甚至要求诚实的沟通。[3]人们强调好消息是很自然的，但有时候，压制坏消息就类似于撒谎。如果领导者不喜欢听到坏消息，并且还会怪罪传递消息的人，就很有可能导致人们不敢传递坏消息。觉醒领导者不仅在生活中习惯于讲真话，他们也鼓励周围的人真诚地反馈。

荣誉：觉醒领导者的标志

想象一下，你正在玩一场纸牌游戏，赌注很高。在游戏的关键时刻，你的对手因一个客人来访而分了心，站起身来。就那么一会儿，他不小心把纸牌摊开放在桌上，一眼就能被看到。你的对手压根儿没意识到这些，你会看吗？你会利用对方一时的疏忽吗？如果不会，那为什么呢？当不可能遭受报复性反击，当没有其他人知道的时候，为什么不给自己一个先发优势呢？

如果你把这个问题抛给一位正直的人，他可能会这样回答："我不是那种人！"这就是我们所说的荣誉。这是一种深层的、内在的道德自我认同感，它知道什么时候越过了不合适的界限。有荣誉感的人可以安心地待在界限的一边，这和别人怎么想你、怎么看你没有多大关系，这是你和自己之间的事。当我们不需要刻意给别人留下印象，不需要获取私利，也不需要包装外在形象，更没有必要维护社会地位时，是什么在指导我们的行为？独立于规则、制度、习俗或法律之外，我又是一个什么样的人呢？

荣誉是正直的最高形式之一，也是商业中最重要的一种形式，因为当公平竞争这一最重要的价值观存在并得到充分发挥时，商界和社会都会蓬勃发展。反之，只要参与者无休止地试图操纵这个系统，利用每一个可能的漏洞，并在某个权力机构转过头的时候违反每一条不成文的规则，它就不可能真正繁荣起来。尽管规则、制度和法律的执行非常重要，但终究我们的经济与社会的良性运转并不能单靠这些，外在权威永远无法真正提升一个社会的水准。每个领导者都必须拥有荣誉感，当他们不断坚守自己的道德标准时，那些将整个社会体系联结在一起的纽带就会变得更强。领导者的荣誉感与正直品质会给人带来内在的力量，而他们能做到的事情是靠任何监管限制所无法实现的。于是，整个社会的品质就能够得到真正的提升。

正直即真实

正直之人不会生活在一个精心调校的面具后面，不是一切都井井有条、准备妥当之后才呈现给外界的。他们是真实的——这意味着在面对董事会演讲和安排新实习生入职时他们是同一个人，而不是两面派或多面派。正直之人只有一张真实面孔，简单一致，不加防备。真实的人不会迎合大众，担心他人怎么想、怎么说，他们不会总是在塑造自己的形象。他们没有暗地里的伎俩，开放透明，令人耳目一新。

无论身处何种情境，真实意味着对自己诚实，对他人坦率。当然，这并不意味着我们对周遭的环境视而不见。显然，当有人向我们提问时，对每个问题都直言不讳是不合适的，而当我们代表的是一个更大的机构时，就越发如此了。有些东西是私密的，有些是私人的，但觉醒领导者不会沉迷于探知秘密，他们也不会像国家安全受到威胁一样，在指挥链的每个环节都解析出信息。只要有可能，坦诚和透明就可以指导他们的行动。真实的领导者不是躲在头衔、职位或地位背后，因此他们可以更自由地打造那种有利于建立伟大事业的人际关系。

真实性也来自内在价值与外在行为的自我一致性。从这个意义上说，我们的价值观、抱负、信念和行为方式之间的关系奠定了个人正直诚信的基础。正因如此，"对自己诚实"经常被视为正直的基本要素。我们在这个世界上的表现方式与我们自己对什么是实在的（real）、什么是真实的（true）、什么是最重要的感觉是否一致？我们的言行之间、价值观与意志之间是否统一？任何人破坏了这些联系，就会缺乏正直，这几乎是肯定的。相反，如果一个人是正直的，那么他的性格中就有一种强大的甚至具有磁性的整合感，会散发出一种特别的力量和内在自信。而我们则天然会被这些人所吸引，因为他们的外在行为与内在信念之间有着可预见的、可靠的联系。

尽管如此，也必须承认人类是复杂的生物，我们的心理不可避免地包含着内在的二元性、两极性，以及不同的，有时甚至是矛盾的自我部分。正直并不意味着熨平人性中所有的皱纹。纯粹不是最终的目的，但是觉醒领导者应该努力达到一个自我意识的水平，以防止自己盲目或无意识地陷入不恰当的、破坏性的或自相矛盾的自我表达中。我们都听说过一些令人印象深刻的领导者的故事：由于自身存在的不统合的子人格或致命的性格缺陷而破坏了他们的权威和信誉，并造成了困惑与幻灭感。当自我人格的一部分偏离在外、未能整合时，我们就会陷入麻烦，那个部分即所谓不可见的"阴影"，我们不能或不愿将它融入自身的身份认同之中。(请参阅第 88 页《觉醒领导力工具箱：处理"阴影"》)"觉醒"的一个重要元素便是获得足够的自我认识，更好地认清我们的长处和弱点，并为之产生的积极或相反的影响负起责任。

练习正直：真实并不总是自然呈现的

这听起来像保险杠贴纸，但的确是真的：要做自己，你必须了解自己！一个人对自我认识得越透彻，他的自我表达就越深刻和真实。但这并不总是自然发生的；有时它需要额外的努力。我们并不是在建议当今的企业领导人马上放下手头的工作，去休几天假，探索一下内心。但哪怕就是一点点的自知之明，都能变成领导力智慧的财富。不管它是怎么获得的，也许来自诚实的反馈、360 度领导力评估、内观的洞见，或者任何其他传统或非传统的练习与反观的方法。但是，你的事业、周围的同事，包括最重要的个人性格，会因为你自己的努力而变得更好。

勇气：做正确的事情

唐·戴维斯（Don Davis）在麻省理工斯隆管理学院度过了22年，算是一位传奇人物。他曾是美国史丹利工具公司（Stanley Tools）的首席执行官，后来又成为商业与伦理学教授。戴维斯在学生中的受欢迎程度远远超过了其作为成功者的魅力。他深受学生信任，同学们会在重要的职业决策上向他寻求合理的建议。在他的众多学生中，有一个名叫杰夫·威尔基（Jeff Wilke）的年轻人，他在埃森哲咨询公司（Accenture）工作了一段时间后来到了斯隆管理学院，戴维斯成了他的重要导师。

从麻省理工毕业后，威尔基面临着所有毕业生都有的两难境地——下一步怎么办？如何将课堂上所学到的技能转化为商业世界里的实际经验？他的许多校友都接受了华尔街或其他知名行业的体面工作，但当威尔基深入思考下一步计划时，他想起了戴维斯告诉自己的一些事情。在一次关于道德和正直的谈话中，他鼓励威尔基，"主动寻找困难的情境，你会因此变得更好；在面临艰难的抉择时，鼓起勇气去做正确的事情"。

对威尔基来说，"寻找困难的情境"的意思非常具体。他没有选择一份更出色、收入更高的工作，而是决定做一些意想不到的事情——从工厂开始他的职业生涯。虽然他得到了不少金融领域的工作机会，但他确信自己需要在制造业工厂工作，这样才能真正巩固他在麻省理工学到的领导力美德，同时也能为他赢得别人的信任和尊重打下坚实的基础。

"也许这个想法萌芽于那个我从小长大的匹兹堡的蓝领小

第3章 行事正直

镇，"他解释说，"但我有个直觉，那就是了解那些真正在做这项工作的人经历了什么，从一开始就了解他们是如何工作的，这对于以后领导这些人是非常宝贵的经验。"威尔基将目光投向了一家名为联信（AlliedSignal）的公司，其掌门人则是他所钦佩的前辈。因此，这个手握多个工作机会的年轻人，最终却在弗吉尼亚的一个老旧的尼龙工厂做起了工程师和车间主管。

这不是一份带有成功标志的工作，但对威尔基来说，却是无价的，他很享受这段经历。他从头开始学习这个行业，在所有细节上积累经验，而这些都是成功运营的基础：让机器完美运转，工厂平稳运作，员工高效工作。他回忆道："每天我回到家都会问自己'今天过得怎么样'，接着就会反思当天遇到的那些不符合自己思维模式的事情，然后自问，'该如何纠正我的思维模式，让第二天做得更好？'"渐渐地，随着他的运营能力的突飞猛进，威尔基感到自己的非传统选择正在带来丰厚的回报，但他还没有意识到这段早期经历对他未来的职业轨迹有多重要。

1999年，一家电子商务公司对外公开招聘，他们需要一位运营专家来建立一个快速增长的分销和交付系统，他们希望有人为在互联网热潮中发展起来的复杂的供应链和分销网络带来秩序。对威尔基来说，这非常合适。这家公司的名字？Amazon.com。他是在那一年圣诞购物季的高峰时期接手这份新工作的，当时网上购物正呈爆炸式增长，公司正手忙脚乱地快速应对蓬勃发展的业务。假期结束时，他找到了回家的感觉。

如今，威尔基是亚马逊集团三位首席执行官之一，他被公认是一家或许是世界上最成熟的运营型公司的主要推手。在尼龙工厂的车间里学到的经验给他带来了非凡的回报。直到今天，威尔基仍然将此归功于戴维斯的建议，帮助他能有智慧跟随直觉，走一条符合自己价值观和信念的少有人走的路。这并不容易，不是每个人都能做到的，连他的同学也不能都做到。但对威尔基来说，这才是正确的选择，而在这种"正确"的附近，就生长着正直的美德。尽最大的可能，做真实的自己。事实上，我们很难想出一个比"做正确之事"更好的、更全面的关于正直的定义了。

诚信："以信任的速度前进"

当领导者在面临挑战的情况下依旧表现出正直的勇气，身处复杂、诱惑或困惑时还是坚持做正确的事情，他们就会自然赢得一种威望，并在人群中建立信任。这种威望是强大的，它会激发出深度的忠诚，不容易伪造。

你是一个能激发信任的领导者吗？诚信是正直的重要组成部分。正如唐·戴维斯教授所言：

> "信任是无法控制的，你必须去争取。要做到这一点，你就要成为一个无可置疑的正直的领导者、一个真实的人，在所有的人际交往中都具有高度的正直与公平意识。作为一个领导者，你的道德标准主要取决于你的行为，而非言辞。远离诱惑需要勇气和自我价

值感，再加上一定的智慧。但是，当你做了正确的事情（你会知道什么是正确的事），你就会在组织的各个方面和各个层次都取得成功。"[4]

成为一个值得信赖的领导者并践行这些品质是具有感染力的。当我们展现出负责任、透明、诚实和真实的品格时，就能在自己所领导的人群中建立起更深的信任。它可以打破负面的公司政治，防止诽谤和权力争夺，而这些都会削弱任何一个团队的生产力与创造力。正如史蒂芬·柯维（Stephen Covey）所说，当我们能营造出一个共同信任的环境时，组织就能"以信任的速度前进"。柯维解释说，信任是一项"影响一切的隐形变量"。[5] 如果缺乏信任，不知不觉地，组织就会陷入公司政治和推诿耗时的官僚流程的泥沼之中。而一旦建立了信任，这些就可以避免，一切就可以更快地运转起来。

觉醒领导者也知道自己专业能力的有限性，并能诚实地承认自己的错误或不了解的事情。通过对自己的缺点和失败承担责任，可以让身边的人更容易做出同样的举动，而且这样也会减少组织内的防御，进而鼓励创新所需的冒险精神。换句话说，原谅我们自己和别人犯的那些合理的或不可避免的错误，创造了一种信任文化，这种文化培养出了足智多谋和管理创新所必需的自主性。

练习正直：保持信息透明

信任是双向的。如果你想让别人信任你，你就得同样"报之以李"。作为一个领导者，证明信任他人的最好方式之一就是与之分享信息。所以，信息应该透明，除非有很好的理由。更值得推荐的是，领导者可以在非正式场合（如团队成员午餐时间或是像"市政厅"等大型论坛上）主动传达信息和回答问题。对于领导者来说，最糟糕的做法就是受限于过于严格的沟通政策，拒绝承认大家都已经知道的事情。当然，并不是所有的东西都方便自由分享，但只要有可能，透明应该是觉醒领导者惯常的姿态。

深化正直的品格：超越"好人"标准

对于一个觉醒领导者来说，正直的品质需要持续地成长与深化，与个人的生活历练保持同步。这不仅仅是崇高的理想。在年轻人的道德激情中，我们很容易想象正直就是做一个"好人"：在重要的道德决策中站在"正确的"一边，不自私、讲真话、善待他人，不干撒谎或欺骗等"坏事"。在 20 多岁的时候，我们已经看过不少电影，里面的道德分界线像霓虹灯一样显眼。在好莱坞版的道德观里，做正确的事的确需要男主角的牺牲和勇气，但正直的道路很少是泥泞而复杂的，几乎没有灰色地带或程度轻重的问题。借用谷歌著名的使命宣言，作为这些道德情节的主角，我们需要遵守的律令就是"不作恶"。这种对正直的理解本身并没有错。追求合乎道德的行为，不因贪婪或软弱而妥协或出卖自己的是非观，这显然是积极的。在这个世界上，我们当然想让安然（Enron）这样的公司变得更少，而勇敢的告密者更多一些。但随着个人逐渐地成熟，我们意识到正直的内涵远比"不作恶"要丰富得多。棘手的道德问题很少以非黑即白的形式出现，具有挑战性的决定通常也不会以卡通片里那样简单的道德模样来呈现。的确，不做假账、不欺诈、不泄露机密信息和不欺骗客户都是好事。每一天都有人做不到这些，所以我们应该感谢那些能够持续聆听他们本性中美好天使的人。然而一旦我们超越了这些相对明确的道德选择，对正直的挑战就会增大。对于觉醒领导者来说，"始终行事正直"意味着追求更高层次的诚信、更广泛的责任感、更高的真话标准和更深刻的性格。在这个意义上，正直包含并超越了"好人"的标准。它期望能够让我们发挥更高的潜能，并且发展出更清晰地识别、更深刻地感受和更明智地应对无数复杂情况的能力，这是有抱负的领导者必然会面临的。"不作恶"仍然适用，绝不能想当然。但就像谷歌最终将他们的使命宣言改成"做正确的事"一样，觉醒领导者往往会有更高远的追求。

持续进化的变革者

当我们试图扩展正直的内涵时，关键要理解它不仅仅是可以"拥有"(或不拥有)的东西，同时也需要我们去不断发展、深化和身体力行。发展领导力是一段旅程，正直也是。比如，我们很难找到一家能比雷蒙·门迪奥拉所在的 FIFCO 更能体现出正直诚信美德的公司，尽管近年来他们所做的事情为各种利益相关者带来了价值，但他们依然在不断迎接新的挑战。2014年，雷蒙和他的团队刚刚结束了一段忙碌的业务扩张期，包括进军北美市场。他们感到有必要与所有的团队成员建立联结并凝聚在一起，于是就花时间聚焦并清晰化了公司的核心使命，还提出了一个他们很喜欢的短句：给世界带来更好的生活方式！雷蒙决定停工一天，这样他就可以和他们在哥斯达黎加的所有团队成员（约3500人）分享这个使命宣言。在他结束演讲后，一个人站了起来，上前抓住了麦克风。

"雷蒙，"他说，"我对这家公司为自然环境所做的一切感到非常自豪。但是在这家公司工作的人呢？在这里工作的人有的生活还很贫困。你是怎么想的？"

雷蒙很吃惊，当雷鸣般的掌声在礼堂里响起时更是如此。他拿回麦克风，并感谢那个人坦率直言。"我不知道有多少团队成员还生活在贫困中，"他承认，"我很抱歉，但我们一定会做点什么。"

雷蒙的正直再一次受到了挑战。当团队成员中 3.6% 的人还生活在令人难以接受的贫困之中时，他领导的公司怎么能声称已经为利益相关者做了正确的事情？这并不是工资低导致的，因为这家公司支付的薪水还不错，但还有一些问题让员工们变得很脆弱。一旦了解了情况,雷蒙就聘请了专家来帮他理解这个问题。在六个月之内,他启动了 FIFCO 机会项目,帮助员工解决诸如住房、健康和理财等问题。每个参与项目的人都由 FIFCO 的一位高管亲自指导。经过了三年,该公司成功帮助哥斯达黎加的每个团队成员摆脱了贫困。现在,他们也把注意力转向了其他地方。

毋庸置疑,商业并不能解决所有的社会问题。同样,FIFCO 也不能单枪匹马地改变哥斯达黎加所面临的许多社会挑战。但在有限的范围内,企业可以产生显著的影响,并在所聚焦的议题上部署高效的资源。在全食超市,我看到这样的情况一再发生。觉醒领导者所领导的好公司是变革的强大推动者。

个人正直与组织诚信的互动

面对任何美德或性格特质,经常会衍生出这样的问题:个人和组织之间的关系是什么?个体的正直感如何与我们所在组织的价值观相结合?组织是一个相对独立的实体,有自己的使命,但不可避免地具有其领导人或高管团队的一些属性,那要走多远?个人价值观和组织价值观之间的界限在哪里(如果有的话)?让我通过一个故事来探讨这些问题,它们和我在生活中所面临的诚信危机有关,同时也牵涉全食超市。

我始终都有一个正直行事的个人承诺:遵守自己的价值观,并且无论在私人还是职业关系中,当我与每个人打交道时,都保持真实、可敬、诚实和值得信赖。虽然这个承诺一直没变,但随着我从自己的生活经历中吸取教训,并与更广泛的利益相关者建立关系,这些年来,它实际的内涵已经发生了实质性的变化。我逐渐明白,正直不是一种孤立、静止的道德立场,而是一种真实且持续的承诺,它将我自己的使命、行为、价值观和要继续学习的东西整合在一起。我在生活中犯了很多错,但这些错误让我有所学习并成长为更好的自己。

关注动物的福利是我生活中的指导价值之一。自 2003 年以来,我一直是一个道德的纯素食者,这意味着我选择不吃任何肉、鱼、禽、蛋、乳制品或其他动物产品。几年前,我应邀参加了斯坦福大学关于这个问题的公开辩论,来自好食物研究所 (the Good Food Institute) 的辩论搭档布鲁斯·弗里德里希 (Bruce Friedrich) 和我一起提出反对食用动物的理由。对此,我充满着激情,竭尽全力、言行一致地活出自己的信念,即动物不应该成为我的食物来源。所以,你应该可以想象我当时的感受……辩论伊始,一群动物权利活动家就在观众席中站了起来,一边高呼,一边冲向舞台,手里举着标语牌,上面贴着工厂化饲养动物令人震惊的照片。但他们抗议的目标不是我对面主张动物基饮食的肉食辩论方,而是我。

这不是一个偶尔发生的孤立事件。事实上,我经常会成为动物权利抗议者的目标,他们指责我共谋参与了许多我自己厌恶的事情,是一个言行不一的叛徒。为什么?是因为我所领导的公司并不反映我个人的生活方式。换句话说,全食超市不是纯素食商店。这是缺乏诚信的表现吗?

作为回答，让我回到几年前。我自己的饮食选择经历了一系列的觉醒——有些是基于健康考虑，有些则是出于道德考虑。每当发现一些改变我对这一主题的看法的新信息时，我就会相应地调整个人的饮食习惯。小时候，我的饮食很不健康，吃的是美国标准的精加工快餐，几乎不吃水果和蔬菜。1976年，当我还在得克萨斯大学读书时，搬进了一个素食合作社区，我产生了第一次食物觉醒：突然意识到还有大量美味的天然食物，当我吃这些时，我感觉好多了。于是我改变了自己的饮食习惯，成了一个素食者，吃的大部分食材都是经过很少加工的天然食品。

快进到2003年，一名维权人士参加了全食超市的股东大会，发表了一通关于动物福利的激情洋溢的演讲，并指责公司做得还不够。一开始我很恼火，因为我自认为全食超市比业内其他任何一家公司做的都要多，但我还是沉下心来研究了她的一些论据，在那个夏天，我做了大量的阅读与研究。最终，即使对于像我这样一个相对知情的内部人士来说，我自己的发现也令人不安。对我来说，正直意味着基于这个被打开的新视角来更新自己的选择。我决定成为一个道德的纯素食者，这对我来说是个正确的选择。我的健康受到了这个选择的积极影响，但这还是次要的。由于这个决定，一个新的问题出现了：我的个人信念与自己经营的企业是如何关联的？当然，全食超市一直都非常关注健康饮食，但正如我常说的，这并不意味着商店里所有的货品都是完全健康的。我们试图引领市场，扩大美国人健康饮食的选择，但我们也在努力地服务当前的市场。我们是企业，而不是抗议活动家的组织。当我纠结于自己关于动物福利的价值观时，我也在挣扎于这样一个问题：我自己对动物的新伦理观该如何影响全食超市？

虽然我作为首席执行官，是整个公司的领导者，但我从来都不是全食超市的所有者，即使在公司刚起步的时候也是如此。这是一个人们很常见的误解，但是我的股权一直都很少。我也在为公司的更高使命和所有不同的、相互依存的利益相关者服务。在公司成立的头 39 年里，我对董事会负责，从亚马逊（Amazon）收购全食超市以来，我就汇报给这家大公司的一位资深执行官。显然我有很大的影响力，但在组织中我是一个服务型领导者，情况就是这样。让纯素食主义者失望的是，我不能也不会在某一天宣布全食超市不再出售动物产品。尽管有自己的信念，但我并不认为此举符合公司或任何主要利益相关者的最大利益。目前只有不到 5% 的美国人吃素[6]（回到 2003 年，这一数字还不到 1%）。尽管人们对植物性饮食的认识和兴趣与日俱增，这让我备受鼓舞，但美国作为一个整体，还远远没有接受纯素饮食。

但我也没有袖手旁观，否则就违背了我所在意的正直。相反，我帮助领导了公司的一项计划，制定了一套新的健全的动物福利标准，更好地告知客户所选择食物的信息，并鼓励农业领域的合作伙伴升级他们有关动物福利的做法。我为这些标准和所做出的巨大贡献感到骄傲。我们已经引领了这个行业，并

第 3 章 行事正直

使其朝着更好的方向发展。当涉及个人价值观和组织行为的结合时,要做到诚信正直并不总是一件容易的事。我变了,然后全食超市也变了,但不总是以完全相同的方式。我必须努力解决这样一个问题:如何将自身价值观的演变与一家当时已经有超过 25 年历史的上市公司协调起来。在这场斗争的创造性张力中,出现了一项成功的创举,我相信它改善了数十亿农场动物和海洋生物的生活,并让人们意识到其中的困境。

直到今天,活动家们仍然在抗议全食超市——他们似乎能从无穷无尽的正义激情和义愤中汲取力量,他们经常会质问我,就像他们在斯坦福大学时那样。那天,我坐在台上,等着房间里肃静下来,这样我就可以站起来发表我的演讲,想要避开其中的冷嘲热讽很难。我和那些对我的"背叛"和全食超市的缺失感到愤怒的人有着许多相同的价值观。我仍然会质疑自己,挑战我所领导的公司,想让它做得更好。但我也知道,为正直而奋斗并不总是个人的旅程,道德勇气也不总是要拿着一块牌子,或者坚持一条强硬的路线。

正直不应该成为自以为是的标志。我们生活在一个充满愤怒的时代,仅仅是拒绝参与其中,不被文化潮流拉入一种义愤填膺的状态,就需要一定的信念和意愿。做事要正直,但要有一颗轻松的心和一种谦逊的态度。正如我们最喜欢的一位哲学家罗伯特·所罗门(Robert Solomon)所建议的那样,不要把自己看作"世界上其他一切都围着转的道德岩石"。[7]正直意味着忠于自己,也意味着对他人的意见持开放态度,愿意通过谨慎的深思熟虑来决定最合乎道德的行动路线，通常也需要与同事或朋友合作。道德自主性必须通过尊重商定的价值观和忠于组织的真正的更高使命来平衡。通常情况下，这是关于找到一条共同的多赢的前进之路。所罗门写道，正直需要"在人群之中时，与他人一起时，都忠于自我"[8]。在这两极之间的创造性张力中，觉醒领导者必须能够找到能量和视角来为自己的正直诚信而奋斗，并最终在我们所处的社区和组织中做出正确的事情。

觉醒领导力工具箱：
处理"阴影"

对那些渴望以正直诚信来领导他人的人而言，一项重要的技能就是积极地去整合他们的"阴影"。"阴影是指什么？"这个概念主要来源于荣格心理学，但在当代心理学和灵性领域又得到了许多人的发展。其简单的定义就是那些我们不想看到的自我的方面。它们隐藏在我们的意识体验之外，通常包括那些我们不被自己喜欢的部分或让我们不舒服的事情。像恐惧或愤怒的情绪、童年创伤、引起羞愧和内疚的事情，所有这些通常都是阴影的一部分。我们害怕自我承认它们的存在，更害怕向别人透露其存在。于是，我们就把它们推到意识之外，就好像它们不存在一样，继续埋头做手头的事。虽然它有时也被描述为"阴暗面"，但认为阴影总是消极的其实是一种错误的观点。有

第 3 章　行事正直

时候我们害怕承认自己的积极潜能、脆弱感，甚至我们自身的优势。

阴影的问题在于，虽然这些我们内在不舒服的部分可能暂时会从意识里消失，但它们真的不会去任何别的地方。就像被人为压抑或避免的事情一样，我们的阴影迟早会浮出水面，而且通常会以破坏我们自己有意识的意图和使命的方式出现。如果让阴影保持无意识，那它就可以用我们看不见的方式控制我们。它可能以自我伤害或成瘾行为的方式出现，还有一种倾向就是把我们自己害怕的东西投射到别人身上。例如，如果你害怕自己有逃避承诺和违背诺言的倾向，你可能会发现自己不信任别人，并质疑他们的忠诚。如果你对自己的愤怒感到不舒服，你就可能会对别人的愤怒反应过度。

事实上，令你反应过度的事情往往是发现自己阴影的线索。因为阴影的本质就是它的不可见性，需要一些侦察工作才能揭开它。下次当你被某种与情境不相称的方式"触发"时，就可以多加关注。让你不适的外部因缘是否指向了你所拒绝的内在部分？在你的潜意识里是否隐藏着被压抑的创伤记忆或是令人尴尬的个人特质？羞愧感或罪恶感也可以作为线索。

觉醒领导者会努力整合他们的阴影，这意味着要把那些被否认的感觉、倾向和经历带到意识之光中，并"拥有"它们。《生活就像练习：肯·威尔伯整合实践之道》

89

(*Integral Life Practice*)的作者们写道：你只有一个选择，"要么通过工作觉察到自己被压抑的无意识的驱动力、感受、需求和潜能从而征服阴影；要么被它征服，让被你否认的驱动力和感受塑造你的生活，完全脱离有意识的选择。"[9]

这可能会涉及深入的自我探究、治疗或灵性练习。无论选择哪一条路，它都应该引导你能够更富有同情心地拥抱全部的自己。处于领导地位有时会加剧人们想要避免自己阴影的欲望——我们感到一种强烈的压力，想要树立榜样，不暴露自身的弱点或冒犯错的风险。但是，无论初衷多么好，这类做法只会带来灾难。期待自己表现完美的领导者迟早会跌落尘埃，而且往往是阴影在作祟。他们的行为也在变相地鼓励别人压抑或避免自身的弱点或不安全感。我们并不是说你不应该尽力树立最好的榜样，但要知道，榜样的一部分来自用谦卑和勇气去迎接你的一切，而不仅仅是自我感觉良好的那方面。努力整合阴影意味着你将更有能力对自己的行为做出有意识的选择，同时更不可能被你自己的心魔所蒙蔽。

第二部分 心智模式与战略

第 4 章

多赢策略

"正确的行为注重做那些对所有人都有益的事，包括你自己。"

——罗杰·沃尔什（Roger Walsh）

那是2017年的一个特别温暖的春日，我到了纽约，急切地想要推出一本新书。我计划在接下来的几天里，登上多个全国性的电视节目，就我非常关注的话题——全蔬食饮食（whole foods, plant-based diet）对人体带来的神奇好处发表演讲。我对于这个追求人生使命的新机会充满热情和自信。直到我打开手机，那一瞬间就好像所有的阳光和希望都从我的世界被吸走了。多年来我一直害怕和努力阻止的事情发生了。我一生都致力于创建和培育的上市公司——全食超市，正面临着史上前所未有的生存危机。

第4章 多赢策略

这段历史可以追溯到 1992 年。1978 年，我们在奥斯汀开了第一家店。但在 1992 年，当我们首次公开发行股票时，我不得不学着平衡以长期主义、使命驱动、多元利益相关者为中心的运营方式与季度盈利报告所要求的短期、以投资者为中心的模式之间的矛盾。这样做很难，但有助于公司良好的运行。全食超市经过 42 年的发展已经取得了巨大的增长。截至 2017 年，我们的门店已接近 500 家。到 2017 年夏天，全食超市年销售额从第一年的 30 万美元增长到了 160 亿美元。30 多年来，同一家店的销售额平均增长 8%，这是美国食品零售业历史上最好的纪录之一。此外，在上市食品零售商中，我们拥有最高的 EBITDA（税息折旧及摊销前利润）百分比，我们门店的每平方英尺销售额为 1000 美元，是行业平均水平的两倍。

但在 2017 年，对华尔街来说这一显著的增长纪录还不够，一定程度上是由于我们的销售增长正在放缓。全食超市的成功自然催生了新一代的渴望参与到天然食品热潮中的竞争者。传统的杂货商终于意识到，在想要吃得更健康的人群中存在着巨大的商机。越来越多的食品杂货店和零售商开始模仿全食超市，出售种类更齐全的天然有机产品。他们大量复制我们的营销策略，增加有机产品的空间，甚至采用了我们店内设计美学的元素。从滋养人类和地球这一崇高的使命来看，我为我们给市场带来的影响和给那些从未走进过全食超市的人带来的好处感到非常自豪。但作为一家上市公司的领导者，我敏锐地意识到，我们的投资者可能不会这么想，尤其是在竞争开始拖累我们的销售增长、股价也开始下跌的情况下。考虑到我所持有的公司股票份额比较小，也没有那种具有控股权的特殊的股票类型，我担心我们很容易受到激进投资者的攻击。

2017 年 3 月 29 日，我的担忧应验了。纽约对冲基金 JANA Partners 宣布收购我们 8.8% 的股票，紧接着发起了一场反对全食超市的运动。尽管我们公司多年来一直持续取得成功，但他们对公司的看法却非常负面。他们要求撤换董事会，把公司卖给出价最高的人。JANA 的动机是实现短期利润最大化，他们决心不惜一切代价达到这一目的。我们很快意识到，全食超市的市场领导地位正面临着公司发展史上最大且风险最高的挑战。对我个人来说，这是一个巨大的考验——如何带领我领导了这么多年的公司进入新的发展阶段，同时又不失去那些使它与众不同的品质呢？我取消了新书推广计划和电视访谈节目，用醒着的每一分钟去寻找度过这场危机的方法。

在接下来的几星期甚至几个月里发生的事情让包括我在内的所有人都大吃一惊，全食超市最终与亚马逊合并，事实证明此举对两家公司都非常有利。对我来说，那是一段艰难和令人殚精竭虑的时期，也有过一些黑暗时刻，我非常担心失去我们已经建立起来的东西。但最终，这段时光更深地确认了我一直依赖的领导原则，那就是找到多赢解决方案的重要性。在分享这个著名的合并案例，或者我称之为亚马逊和全食超市的"婚姻"之前，我想说成为觉醒领导者的核心就是这个至关重要的心智模式。

多赢策略

我们都知道在交易达成时,这类人——交易撮合者、谈判者、骗子、所谓精明的商人或女人,他们似乎总是能得到最好的结果——能从 1 美元中获利 51 美分或更多。他们的目标永远是"赢得"这笔交易。毕竟,这是商界的一场战争,不是吗?想想迈克尔·道格拉斯在《华尔街》中扮演的喜欢引用《孙子兵法》的戈登·盖柯,或者是亚历克·鲍德温(Alec Baldwin)在《拜金一族》(*Glengarry Glen Ross*)中扮演的角色,他用 f 开头的词和侮辱性的言语告诫他的下属,逼他们尽一切可能让人们"在有虚线的地方签名!"[1],或者是被称为精彩先生的凯文·奥利里(Kevin O'leary),在著名的 CNBC 节目《创智赢家》中,他搓着双手说:"这就是我对钱的看法,把它们当作士兵,送它们上战场,让它们带着俘虏回家。"[2]商业在这种交易处理方式中像是一场游戏,而更多时候是一场战斗,首要目标是生存和获胜,并在这个过程中击败对手。只有一个赢家,其他的都是输家,就是这样。搞定它吧,傻瓜!

当你读到这里,你就会猜到我们其实不喜欢把商业视为战场。现在,一起来设想一种不同的方式。要是有其他既能在领导情境和生活中运用,又可以给自己和周围的人带来好处的合乎道德的策略呢?这难道不是一个了不起的发现吗?毕竟,想要表现得合乎道德,做正确的事情往往看起来令人困惑和为难。老实说,今天的领导力,甚至整体的生活,牵涉越来越复杂的关系和责任的网络，有时似乎很难找出最好的推进方式。

在这种复杂性中，我们提倡并依赖一种既简单易懂又非常有效的伦理策略：寻找多赢的解决方案。这是达成有效且长期成功的全方位的领导战略。仔细想想，这会让每个参与其中的人都受益，包括你自己。

你可能听过"双赢"这个词，但你可能注意到我们增加了第三个"赢"。"我们从双赢的基本理念开始——为我们自己和谈判对象创造积极的结果。我们认为，双赢的理念是大多数商业交易的道德核心。正如觉醒商业运动的首席执行官亚历山大·麦科宾（Alexander McCobin）所说："正和世界观是资本主义的一个基本前提，人们共同寻找互利的交易，这样就能为每个人创造相比交易之前更多的价值。"[3] 交易完成的同时，双方都得到满足。一方得到所需的产品或服务，另一方从交易中获益——双赢！当双方都对交易感到满意时，他们就会对彼此说"谢谢"。事实上，对商业最大的误解也许是不能去欣赏绝大多数的交易应该是双赢的——否则，交易就不会发生，因为它们是自愿的。

然而，觉醒领导者会把这种心态向前推进一大步，试图为更大的群体寻求积极的结果——第三个"赢"。这个群体可以像我们希望的那样被广泛定义：在某些情况下，额外的"赢"可以是为我们的家庭、我们所在的宗教团体、城市、州、国家、其他所有的人、所有的动物，甚至是生物圈的健康做出的。"多赢"思想的核心伦理是我们正在寻求一种策略和解决方案，使

第 4 章 多赢策略

自己、与我们直接互动的各方以及我们所在的更大的社群受益。这是三重胜利——对我好，对你好，对我们所有人都好。

在交易过程中，第三个赢通常代表着更大的利益相关者群体，交易为他们创造价值——客户、团队成员、供应商、投资者以及当地和全球社区（请参阅第 61 页《觉醒领导力工具箱：利益相关者整合》）。前提是所有的利益相关者都是彼此联系和相互依存的。我们用多赢的思维管理整个系统，创造出有利于每个人的积极协同效应。从长远来看，这有助于组织在更高的层次上取得更大的成功和发展。这种长期的观点是至关重要的，如果我们的时间范围太有限，就无法充分看到和欣赏其中的一些好处。

作为觉醒领导者，多赢思维是一种伦理策略，帮助指引我们每天更好地施加影响力、行使权力和谈判交易。更重要的是，这种方法有助于更大范围的努力——让我们的世界变得更美好。但想要真正理解这一思想及其力量，就必须超越过去习惯的非赢即输的观念。考虑到这一观念在社会中的普遍性，想要超越是相当困难的。

多赢思维对于业务关系来说是一种非常令人满意的方法，部分原因是它代表了黄金法则的精髓——"己所不欲，勿施于人"。几千年来，这一法则以各种形式被教导和实践，并成为关键的伦理原则。在进化心理学中，它与"互惠利他主义"密切相关——双方自愿为对方创造价值，以实现共同利益。让我们明确一点，这并不一定需要长期的自我牺牲。这并不意味着我

99

们为了他人而放弃自己的最大利益。要不然，这又是一场输赢较量，只不过角色互换了。我们坚持多赢的态度，努力达成对各方都有利的结果。

不幸的是，我们有太多文化认同输赢模式，让人们相信另一种可能性很难。事实上，这就是商业在当代话语中经常被描述的：贪婪、自私、剥削——一种有输有赢的"赢家通吃"的过程，即"富人越来越富，穷人越来越穷"。结果，遗憾的是，电影和文学构造出了很多戈登·盖柯。

当然，就像各行各业都有不良行为一样，商业也有很多贪婪、不诚实的真实案例。但那种认为商业就是剥削，只是把财富重新分配给社会顶层的想法，是不幸的、不准确的。过去两个世纪，世界贫困人口的比例急剧下降，而商业对于这一趋势发挥了主要作用。在同一时期，全球收入以前所未有的速度增长，而全球贫困率却在下降——近几十年来这个过程在加速。[4] 在贸易和自愿交换的魔力中，互利成果的提升力量一直是人类文明最大的价值源泉之一，从而改善了人类生活条件，也提升了所有人的生活水平。

练习多赢：有人输了吗？

输赢心态的惯性是很强烈的，这是我们的默认模式。我们必须重新训练自己的思维。开发三赢解决方案的基本练习之一是问："有人在这个方案中失败了吗？有没有人觉得自己受到了不公平的待遇？我们能帮他们解决这个问题吗？"这些问题能给任何一个提案带来快速的清晰度，识别差距，并帮助我们创造更好的替代方案。

信任的动态性

一个奉行多赢哲学的人遇到一个奉行输赢策略的人时，会发生什么？毫不意外，这种情况经常会发生。如果面对的是这样的人，我们就必须更加清醒、更加清楚地意识到正在发生什么。其他人没有按我们的规则行事！我们不能那么信任别人，必须提高警惕，保护自己的利益。但这不应该阻止我们至少尝试寻求一个双赢的协作。然而，哪怕我们失败了，界线也是清晰的。记住史蒂芬·柯维（Stephen Covey）在他的巨著《高效能人士的七个习惯》(*The 7 Habits of Highly Effective People*) 中所说的，他呼吁我们接受"双赢或不合作"的理念[5]。如果我们不能实现双赢，柯维建议我们干脆走开。

信任是如此重要。如果没有信任，我们真的想做交易吗？沃伦·巴菲特喜欢说，他总是希望他的交易能够通过握手来完成，但这并不表示他没有律师来核实细节。这只是意味着，在基本面上，需要高度的信任和相互尊重。如果感觉不到这一点，我们就应该质疑继续前进是否明智。至少，我们需要保持适当的谨慎。正如苏菲派的古老格言所说，"相信真主，但要拴住你的骆驼"。

博弈论的研究为这种心态的有效性提供了另一种佐证。研究表明，长期来看最有效的策略是"以牙还牙"。在以牙还牙的策略中，最初的方法是开放与合作。这意味着我们选择与每个人合作（寻求赢—赢的结果），直到一个人被证明是不值得信任的（导致我们输的结果）。那么我们的策略就会改变——我们不能再和那个玩家合作了，我们有被人利用的危险。这在博弈论和生活中都是一种灵活性很强的方法。我们建立了诚实和值得信赖的声誉，但我们不容忍被利用。我们保护自己，但基本姿态是信任与合作。如果可能的话，这是一种与所有人双赢的态度。当双赢无法达成时，就像史蒂芬·柯维一样说"不合作"。

练习多赢：沟通是关键

当我们寻找多赢的解决方案时，尤其是与他人合作时，良好的沟通至关重要。事实上，如果各方都不能坦陈自己的需求和利益，就不可能找到多赢的局面。对他们来说，"赢"是什么样子的？不要以为你已经知道了。透明有助于增强多赢的能力。在谈判过程中，人们往往不愿说出自己真正想要或需要什么，因为他们认为这会让自己变得脆弱，削弱自己的影响力。我们鼓励相反的情况。问这样的问题：你理想的结果是什么？什么能让你在离开时感到完全满足？这笔交易的哪些部分对你来说是没有商量余地的？一旦我们了解了对方的需求和愿望，并且这些信息都摆在桌面上，我们就能更好地帮助满足他们。对话将更加具有建设性，多方共赢的解决方案也将更容易达成。

风险和机遇

有时需要一场危机来帮助我们打破习惯性的非输即赢的思考与行动模式。对谢丽尔·罗斯纳（Cheryl Rosner）和许多美国人来说，"9·11"就是那种时刻。整个国家都感受到了"9·11"对社会和经济带来的灾难性的影响，但有一个行业受到的影响尤其严重——旅游业，而 Expedia 公司的高管罗斯纳就身处其中。在悲剧发生当天和接下来一周的混乱中，她的团队夜以继日地工作，以确保那些本没有旅行打算的客人有地方住。他们的酒店合作伙伴非常配合，所以在最初的危机平息后，她亲自去向他们表示感谢。这些清楚地表明，经济影响正在造成损失，旅游业几乎都关门了。她回忆道，"酒店业正在被扼杀，尤其是那些既小又独立的业主一下子就断了现金流"，裁员和业务中断迫在眉睫。

回到办公室，罗斯纳和她的首席财务官坐下来，描述了她所看到的情况。那些无辜的合作伙伴正面临绝望的时刻，他们都感受到了要帮助这些企业的紧迫性。那天晚上，他们喝了一两杯波旁威士忌，讨论着各种可能性。在排除了许多在她看来都不好的主意后，他们终于制定了一个计划，即再建一个新的网站——Hotels.com，当然这需要独立酒店运营商们的支持。也许还有另外双赢的解决方案？经过深思熟虑，罗斯纳和她的团队决定向许多小型企业提供手续简捷的无息贷款，以帮助它们度过暂时的低迷期。这些贷款有一个灵活的回款期，其中包括对罗斯纳和她的团队的一点好处，就是当推出 Hotels.com 的品牌并在旅游业务恢复时，能收到对方优惠的折扣和定价。当 Hotels.com 进入市场时，这些更优惠的价格不仅会给它带来好处，还会激励人们再次旅游，为这些苦苦挣扎的合作伙伴带来生意，并给整个行业带来好处。

Hotels.com 于 2002 年成立，取得了巨大的成功，一部分要归功于罗斯纳与合作伙伴们建立的有利条件和关系。旅游业出现反弹，无息贷款的偿还比预期的要早。对所有人来说，这都是一个巨大的胜利，这里面包括 Expedia 公司、维持运营的合作伙伴、保住工作的员工和旅游业，甚至也是整个经济。它所需要的只是找到帮助每个人度过危机的办法的意愿。这是一个简单的解决方案，但它需要跳出固有思维来实现，对罗斯纳来说，影响尤其深远。这一解决方案改变了她对商业的看法，认识到她们之间是如此紧密相连和互相依赖，不管是经济上还是其他方面。这让她在做未来的企业经营时，会更想要找到发扬互惠互利精神的方法。也许是"9·11"的打击让她产生了一个新的视角，但她汲取了经验，并坚持下去。每一个觉醒领导者都可以从这样的经历中学习，而不必在类似的悲剧情境中一筹莫展。

第4章 多赢策略

摆脱"零和"心态束缚

多赢的解决方案真的可行吗？我们能始终如一地采取这种大胆的做法吗？对于"现实世界"来说，这种道德策略是否过于理想化？我们不这么认为。当然，生活是复杂的，有时多赢的解决方案是难以捉摸的。在全食超市，通常在多次尝试失败后，我们不得不关闭一家业绩不佳的商店，因为我们想不出任何方法让它好转。然而，我并不认为这意味着不存在多赢的解决方案，只是在某些时候，我们没有更多的时间或想象力去探索！

觉醒领导者应该致力于成为穿行于复杂情形的专家，从而在利益相关者群体中找到多赢的解决方案。为了做到这一点，我们需要建立对系统运作的纯熟理解（参见第113页《觉醒领导力工具箱：系统思考》）。我们需要看到大的画面，以理解系统的不同组成部分随着时间的推移如何相互联系和发挥作用，并平衡即刻和长期的需要，从而为尽可能多的利益相关者创造价值。

在任何时间和环境允许的情况下，如果能够掌握找到多赢解决方案的技巧，我们将不仅在商业和领导力上，也能在生活中获得更多成功。人们通常知道谁是值得信赖的，谁最关心自己的利益，如果我们赢得了这样的声誉，这将意义重大。我们可能会更快乐、更满足，也将产生更少的冲突，因为我们的态度会鼓励更高层次的信任和合作。

真正使多赢成为如此强大的道德策略的原因是：它鼓励我们释放创造性思维，发掘更深入的创新解决方案。我们的脑海中通常最先跳出来的是非赢即输、非此即彼，因为它简单而熟悉，而且对想象力和创造力的要求也不高，这是阻力最小的路径。在实行输赢策略时，我们经常会过快地接受那些不想要的折中方案，认为是不可避免的和必要的。如果想寻找这样的折中，我们一定能找到，但那种认为必须有人输才能有人赢的想法是不正确的。事实上，我们认为，这种博弈论中所谓的"零和"心态，恰恰阻碍了我们个人的繁盛，甚至阻碍了人类的集体利益。相反，在寻找创造性的多赢（或"非零和"）解决方案时，我们的注意力放在寻找这些方案上，而且通常不需要任何过多的妥协。一旦从默认的输赢心态的束缚中解放出来，我们就永远不会低估人类智慧的力量。只要释放我们的想象力，想出让每个人都从中受益的有创意的解决方案，你就会惊奇地发现有无穷的正能量和善意将被释放出来。

使命练习：与你的英雄们为伍

冲突和分歧为我们发现多赢的解决方案提供了一个释放创造性想象力的机会。但请记住，这种创造力需要时间和空间，需要呼吸。创造力的敌人是即刻判断。在用头脑风暴来产生解决方案时，需要避免特别快速地质疑"哪里错了"或者试图马上找出某个解决方案行不通的原因，这通常会让创意过程短路。可以有批评和评判，但不是在头脑风暴的环节中。思想需要自由地流动。在找出各种可能的解决方案之后，我们可以回过头来批判性地分析它们。批判性分析和创造性想象存在于我们精神空间的不同维度，它们各有其应用之处。

多赢思维带来攀升

多赢思维不仅适用于商业领域，我们的社会现在也迫切需要它。如果私营部门和公共部门都有更多的领导者开始采取互利共赢的心态，其影响将会波及经济和社会，迅速加速文化的进化和提升。

在当代，这样的设想似乎有些牵强。写这本书的时候，美国已经被称为我们有生以来政治两极化最严重的国家。我们的文化分裂为不同的带着愤怒与委屈的政治部落。塑造人们的各种价值体系（见第263页，附录《培养文化智能》）正在相互争夺优势和控制权。输赢思维主导着公众舆论。人们认为自己的价值观是站在天使一边的，而那些表达不同观点的价值观是愚蠢、错误和邪恶的，必须被打败。这似乎是一场没有希望的战争，其溢出效应正在许多方面污染着我们的文化景观。

但这种两极化并非不可避免，部落思维不一定是我们互动的默认方式。然而，改变这种状况需要勇敢的领导者。更多的领导者需要采取多赢的方式来解决国家问题，运用他们所有的

觉醒领导力

智慧和创造力来找到超越意识形态冲突的创新解决方案，从而为更广泛的社会创造真正的价值。如何推动社会前进，改善两极化，并让所有的主要利益相关者——不同的"部落"或拥有不同世界观的人群——以某种形式"获胜"？作为觉醒领导者，我们需要培养更高程度的文化智能和互利共赢的心态以实现这些崇高的目标。

然而，我们可以从前人已经做过的事情中得到启示。在美国历史上，多赢思维经常会出现在那些使国家变得更好的时刻。事实上，考察所有成功的可持续的社会运动，它们都有一个共同点，那就是拥有一个互利共赢的基础。这样的例子有很多，但20世纪五六十年代的民权运动总能给我们带来深深的激励和鼓舞。

马丁·路德·金博士为人民的权利而战，但不只如此，他还清楚地看到，民权运动不仅要寻求美国黑人的解放和赋权，还要从可耻的种族主义和吉姆·克劳（Jim Crow）的阴影中拯救整个美国。马丁·路德·金的非凡愿景是建立一个不分肤色、所有种族和民族都享有平等权利和尊严的社会。他向所有美国人表达了这一愿景，以唤起国家的良知和集体的希望，即相信大家可以创造一个最终能造福社会各阶层的解决种族问题的办法。

马丁·路德·金和其他社会运动家对非暴力的拥护，使公众对该运动的看法处于一种多赢的框架之下。即使面对暴力，他们也拒绝报复，这一行为唤起了全国各地民众的良知和善意，有助于防止该运动陷入非赢即输的立场,而这种立场会使包容性的愿景复杂化。不管是对国家还是整个人类,这都是一个美好的愿景和渴望。马丁·路德·金非凡的领导力加上与其并肩作战的其他勇敢的领导人,使他的思想深深融入了全国人民的意识之中。

马丁·路德·金关于种族平等、尊严与和谐的梦想从根本上挑战了美国当时的现状,但它也符合《独立宣言》中作出的承诺,即我们生而平等,享有生存、自由和追求幸福的权利。因此,民权运动产生了多层次的积极结果,它为那些长期被阻止参与美国梦的公民提供了某种程度的正义和机会,在美国的发展进程中,对整个社会的文化、经济、道德都大有裨益。当然,这一旅程远未结束,我们仍在继续努力,从而把深植于国家的种族主义抛在身后。在这条道路上还有很多颠簸和挫折,但由于马丁·路德·金激进而多赢的愿景,我们取得了重大的进展。

走出至暗时刻

在崇高理想和文化英雄鼓舞心灵的同时,让我们回到商业世界——全食超市在 2017 年面临的生存危机。这可能不是一个具有重大历史意义或国家意义的时刻,但对我和许多建立、培育、支持和热爱这家公司及其更高使命的利益相关者来说,事关重大。那年春天,当我和管理团队聚在一起时,我们问了自己两个关键的问题。"多赢的解决方案是什么?""对全食超市的利益相关者来说,什么才是最好的?"

我所担心的是,受短期逐利和输赢思维驱使的 JANA 基金公司可能会接管全食超市,并将其高价出售。出价最高的投标者可能不会尊重我们更高的使命、我们的核心价值观、标准和其他我们所为之奋斗的东西。我们的文化几乎肯定会受到严重损害,总部可能会被拆分,数千人将失去工作。如果我们的质量标准被推翻,全食超市将被迫出售不再符合我们使命的产品。在我看来,我们有可能失去一切。

我们考虑了很多选择和策略。和 JANA 打媒体战?把我们双方对未来不同的看法公之于众?与 JANA 展开斗争以保卫董事会的控制权,防止公司被出售?如果战斗,我们会赢还是输?

虽然在这场斗争中有可能获得最终胜利,但我们也意识到,这可能是一场漫长而昂贵的斗争,对公司也会产生极大的干扰。换言之,即使我们赢了,最终也可能是输。但这是一个我们必须严肃对待的抉择,我们准备了一整套完整的战略来尝试这个方向。

在讨论过程中,我们也提出了出售公司的方案。我们问自己:"如果要被卖掉,有没有我们特别喜欢的买家?""有没有哪家公司是真正合适的选择?"伯克希尔·哈撒韦公司这个名字出现在了我们的商议过程中,于是我们联系了沃伦·巴菲特,看他是否有兴趣收购全食超市。他说那不适合他。我们又考虑了其他食品零售商,再次寻找一个能为所有利益相关者创造多赢局面的办法。我与艾伯森(Albertson)的首席执行官和董事长进行了非正式的会面,发现艾伯森可能也不是适合我们的合作伙伴。

第 4 章　多赢策略

　　我们还讨论了将公司私有化的可能性。当时我们有一种强烈的担忧，感觉这仅仅是个临时方案，因为该私有化方案将导致我们承担数十亿美元的债务。我们担心沉重的债务负担可能会使公司破产，这将是一个无法承受的风险。越是寻求多赢，我们就越感到沮丧，因为没有明确的方向出现。然而，当某天早上我从又一个难眠之夜中醒来时，灵光乍现，一切都在瞬间改变了——"亚马逊怎么样？他们有可能会感兴趣吗？"

　　我在前一年见过杰夫·贝佐斯，而且很喜欢他——他给我的印象是一个既有才华又真实的人，他周身散发出的企业家精神也与我产生了强烈的共鸣。此外，亚马逊一直是我最钦佩的公司之一。作为世界上最伟大的科技公司之一，我认为他们也可以帮助全食超市在一个不擅长的领域里提升突破。一想到这种可能性，我就充满了热情。我不仅看到了一种摆脱困境的方法，也开始看到了这次合并的长期潜力。

练习多赢：意愿的力量

　　当陷入困境时，对于特定的挑战，你所能做的最好的事情之一就是不断确认想要实现多赢的意愿。带着坚定的信念，在内心和头脑中保持这个意愿。虽然这并不意味着你马上就能找到解决方案，这是两回事，但当你专注于实现多赢的渴望，这将激活你潜意识里的创造性思维，让你进行内在的"搜索过程"，从而产生强大的、意想不到的结果。当你的注意力如此清晰时，更深层次的、潜意识的算法就会去解决这个问题，迟早，一个解决方案就会涌现。通常，是以意想不到的方式，比如一个突然的顿悟、充满智慧的梦、淋浴时的灵光一现，以及清晨的直觉和创造性的飞跃等。一个多赢的解决方案出现了，感觉像魔法，但又不是，它只是你自己意愿的力量。

我经常把全食超市和亚马逊两个高管团队之间的关系描述为"一见钟情"。这不是夸张，而是一个生动的比喻，用来描述发生了什么。我们联系了亚马逊，看他们对收购全食超市是否感兴趣。之后，我和三名高管一起飞往西雅图，与杰夫及他的团队会面。最初的讨论是在杰夫的船屋里进行的。我们聊了三小时，谈论我们可以一起做的神奇的事情，时间过得很快。当全食超市的团队转到一家餐厅继续交流时，我们都面带微笑，很开心。大家一致认为，亚马逊团队是我们见过的最聪明的一群人，我们之间也建立了一种特殊的联系。我们虽然确实很喜欢他们，但并不确定这种感觉是不是相互的。就像刚开始新恋情的人一样，我们在电话旁等着，有点紧张。事实证明我们没什么好担心的。仅仅四天之后，他们就派了一个由10名亚马逊高管组成的团队前往奥斯汀，就两家公司合并的细节展开讨论。

随之而来的是一场"旋风般的求爱"，在短短几个月内我们就从约会发展到订婚再到结婚。我们第一次约会于2017年4月

第 4 章 多赢策略

30 日,在 6 月 15 日正式订婚(签订合并协议),在部落长老(政府)批准后,于 2017 年 8 月 28 日完婚(合并完成)。回顾过去的这些年,我依然相信这次合并是一个多方共赢的举措,每个主要的利益相关者都从中受益。让我一个个来说。

我们的顾客可能是这次合并中最大的赢家,尤其是考虑到亚马逊拥有非常明确的使命,即"成为地球上最以客户为中心的公司"。当然,全食超市一直非常关心顾客,但我承认,亚马逊以客户为中心的文化正在帮助我们在这方面实现进一步的升级,通过创造更丰富、更无缝的整体购物体验,改善我们服务顾客的方式。在所有的利益相关者中,顾客从合并中获得了最大的利益——主要是通过更低的价格。每个人都喜欢省钱,但我们这次不仅仅是通过降价,还借助了内在于亚马逊文化的长期主义策略。摆脱华尔街的短期预测是一种令人欣慰的解放,这样我们就可以再次以长远的战略眼光为所有利益相关者创造价值。

这次合并借助亚马逊无可匹敌的线上零售专长,也让我们走出了传统的实体店。在亚马逊的帮助下,我们努力在技术角逐中领先。前几年,我们只是前沿技术的跟随者,现在却正在成为领导者。我们的团队成员提供的店内体验以及个性化、高触感的服务依然是全食超市的一大特色,但我们不再仅限于亲自来店的顾客。一小时快速配送正在让我们的服务发生变革!当然,如果是以牺牲质量为代价,这些变化就都失去了价值。毕竟,我们的更高目标是"滋养人类和地球"。多年来,我们制定了行业领先的质量标准，顾客忠诚度建立在这种信任的基础之上。因此，当看到亚马逊从第一天起就尊重甚至拥护这些标准时，我感到非常振奋。

我们的团队成员经常被全食超市所吸引，因为他们感受到了自己与公司核心价值观及更高使命之间的个人联系。全食超市有一种独特的文化，亚马逊对此非常尊重。当然，任何"婚姻"都会带来变化。随着时间的推移，亚马逊毫无疑问地将对我们的文化产生影响，反之亦然。这次合并是为了保护我们与公司共同创造的巨大价值，并促使我们朝着未来前进，而不是一成不变。就像任何美好的婚姻一样，我们会继续有意识地融合在一起，共同进化。

亚马逊决定将最低工资提高到每小时 15 美元，我们所有全职、兼职、临时和季节性员工都从中受益。在美国，这样的投资在短期内可能会提高成本，但从长期来看会增加团队成员的幸福感，让雇佣和留住人才变得更容易，同时将更顺利地提升顾客服务能力。

我们的供应商将在几个方面受益。我们的顾客忠诚计划——亚马逊金牌会员服务（Amazon Prime）的引入为供应商创造了增长机会，增加了销售潜力，是一个"赢"。我们一直坚守从本地小型供应商采购的承诺，在别的收购方进入后可能会面临风险，而在亚马逊的领导下，我们继续培育本地供应商，并利用自主开发的采购系统来维持全食超市独特的产品组合。

我们的投资者也很高兴。JANA 基金公开宣布购买全食超市股票的那天，我们的股价是每股 30 美元左右。几个月后，亚马逊以每股 42 美元的价格收购了我们。如果不是以有竞争力的价格售出，全食超市的股价可能会下跌，投资者将会蒙受巨大损失。我们的投资者获得了比 3 月 31 日收盘价高出 41% 的价格，这对他们来说是一个巨大的胜利。被誉为"奥马哈先知"（the sage of Omaha）的沃伦·巴菲特借鉴了他的长期合作伙伴查理·芒格的智慧，曾经说过一句名言，"为一个伟大的公司支付合理的价格，胜过为一个平庸的公司支付便宜的价格。"我相信全食超市是一家不同凡响的公司，亚马逊为它支付了合理的价格。说到底，这次合并让我们股东的口袋里多出了 40 亿美元。

我们所在的社区也不能被遗忘。每年，全食超市不断将总利润的 10% 分拨给数千个不同的非营利组织。我们一如既往地通过当地慈善机构、社区 5% 日、食物捐赠和其他赞助来积极支持所有的社区。我们的三个全球基金会——"整全地球"（Whole Planet）、"整全儿童"（Whole Kids）和"整全城市"（Whole Cities）——得以继续完成它们的使命。亚马逊对此非常支持，甚至提供了额外的捐款，另外还包括与大通银行（Chase Bank）的合作，这让"整全地球"基金会受益极大。我们相信未来将会产生更多的对这些基金会的携手共建。

正如你从这个故事中所见，我真的相信与亚马逊的合并是全食超市当时最好的选择，也是在面对股东利益至上分子和新的竞争挑战时，一个理想的多赢解决方案。没有任何一桩合并（婚姻也是如此）是没有挑战的，但我认为过去几年证明了这笔交易的巨大利益，而其他选择肯定会让我夜不能寐。在可能被恶意收购的那段时光，我强烈地意识到公司面临被出售和拆解的危险，也极有可能会摧毁公司的文化。而现在，我们正在与世界上最成功、最具创新精神、最具活力的一家公司合作。

最重要的是，这样的经历让我再次确定了自己的信念。总的来说，无论是在商业谈判、市场交易，还是真正的生活中，只要我们努力工作，创造性地思考，展现出最好的自我，我们几乎总是能够发现可以增加价值、建立商誉，同时让多元利益相关者受益的商业模式。通过我们的觉醒领导力，我们可以努力摊大现在的馅饼，而不是仅仅把战利品供奉给新的胜利者。

觉醒领导力工具箱：
系统思考

在需要寻求多方共赢时，系统思考（有时也被称为"系统智能"或"整全系统意识"）是觉醒领导者试图努力培养的心智能力。事实上，多方共赢的本质是一种既适用于整个系统又能服务于系统中每个部分的解决方案。

系统思考源于这样一种认知，即我们的世界是由复杂系统所组成的，包括生态系统、社会系统、经济系统、政治系统等。在每个系统中，所有的部分都是相互关联的。

孤立地研究系统的各个部分并不能帮助你理解、影响或管理整个系统，因为整个系统大于其各个部分的简单总和。相反，有必要掌握所有部分之间的动态关系，以便有意识地做出决策，确定系统的一个部分如何影响系统的其他部分。这是一种整体的而非简化的方案。

尽管系统思考的概念植根于生态学、生物学、数学、博弈论甚至控制论等领域，但在过去几十年里，系统思考已经进入了商业和管理领域，并在彼得·圣吉的经典著作《第五项修炼》（*The Fifth Discipline*）中得到推广。圣吉借用暴雨的比喻来描述这个概念："乌云密布，天空变暗，树叶乱晃，我们知道要下雨了。我们也知道，暴雨过后，径流会汇入几英里外的地下水，明天天空就会变晴。所有在时间和空间上相隔很远的事件，最终都以相同的模式联系在一起。一个人会影响其他人，这种影响通常是隐性的。你只能通过整体思考来理解暴雨系统，而不是通过任何一个局部。"[6]

任何组织，无论大小，都可以被视为一个系统，它嵌在更大的系统中，包括其他利益相关者、行业、经济体等等。系统思考使我们能够理解存在于组织内外的模式、连接、关系和互依性。当你想到自己面临的挑战、正在争取的机会、正在努力达成的协议，或者你正在努力解决的问题时，请拓展思维，把自己所处的系统包含进去。不仅要考虑单个部分或利益相关者，还要考虑它们之间的动态关系。你的选择对整个系统和每个组成部分有什么影响？它会破坏系统的平衡吗？如果是这样的话，你能找到办法让整体产生积极的进化，而不是造成分裂吗？如何提高整个利益相关者系统的良性运转和生产力？真正的多赢推动整个系统向前发展，并为每个部分提供积极的结果。

第 5 章

创新与价值创造

"如果你回顾一下历史,你会发现,创新不仅仅来自给予人们激励;更来自为人们创造一个能够让他们的想法彼此连接的环境。"

——史蒂文·约翰逊(Steven Johnson)

"创新"是许多专家常常挂在嘴边的一个词。我们在任何地方都能听到它、看到它——在新媒体中和旧媒体中,在脱口秀、播客、论坛研讨中,在全球峰会、学术研讨会上,在广播新闻、社交媒体订阅的新闻推送中。创新是促进全球经济快速发展的一个强大引擎,也是促进人类和文化发展的强大引擎,还是改善生活、让世界变得更美好的前沿变革的强大引擎。它传递了积极和乐观的理念,给亿万人带去希望和可能性。我们在商业、科学、技术和经济领域都听到了"创新"的鼓声——它们来自

第 5 章 创新与价值创造

硅谷高管、社会企业家和非政府组织领导者。

创新在当今世界无所不在，我们真的如此需要创新吗？请思考一下这个问题。伊利诺伊大学经济学家黛德丽·麦克洛斯基（Deidre McCloskey）认为，在很大程度上，是"创新"这一人类美德促进了她所说的"财富大增长"的出现——社会财富在过去 250 年呈指数级增长，与此同时贫困率急剧下降。[1]（1800年，85% 的人每天的生活费不足 2 美元，如今，这一比例已不足 9%[2]）。人类在历经了数万年残酷无情的贫困后（其间，只有少数罕见的短暂时期例外），迎来了大规模的经济增长和全球贸易，数十亿人升入中产阶级，还有一些人的富裕程度已超越了中产水平。如今，有很多关于财富分配不公平的讨论，这些都是非常重要的问题，但更大的问题是：这么多财富最初是如何被创造出来的？麦克洛斯基宣称："我们的财富不是一砖一瓦地积累起来的，不是一个接一个的学士学位累积而成的，也不是一个接一个的银行存款余额累积而成的，而是一个又一个创新的点子累积而成的。"[3] 创意、创造力、足智多谋、想象力和创新，这些才是我们人类集体成功的真正秘诀。那么，创新的点子是如何促进人类财富以前所未有的速度激增的？这可以归因为潜在的企业家们与社会达成了一种默契，允许突破性的想法扎根并蓬勃发展。

大致情形是这样的：我要创业，我想创新，让我创造价值，在这个过程中我不要受太多的政府干预，让我打破既定的产业格局，让我从中获利！是的，我希望在短期内能致富，既得利益集团可能会暂时受损，财富首先会流向我和投资我的想法的资本。随着时间的推移，随着这类"交易"自身的发展，其他人也冲进来投资这个创新项目，收益开始迅速扩大。这个创新项目的覆盖面越来越广，成本也越来越低，收益源源不断地溢出，影响和改善了人们的生活。一点点地，创新再创新，生活得到改善。财富创造出来了，社会进步了。从长远来看，是我和数百万像我一样的人帮助其他人走向了繁荣——这意味着我们帮助很多人变得更加富有，并在此过程中极大地改善了人们的生活。

这就是为什么成功的创新者、企业家，甚至高管都需要专注于创造价值，而不是简单地创造利润。我们此处所说的"价值"，是指产品或服务具有过硬的质量，吸引人们愿意和你做生意以获得好的产品或服务。是的，价值是在真实的市场里、在实际的交易场景中检验出来的。同时要记住，因为创造了有价值的产品或服务，所以生产者获得了利润；而不是因为创造了利润，所以产品或服务是有价值的。

为人类创新和创造价值的能力是觉醒领导者的基本特点，有时他们也为外围的利益相关者，比如动物或环境创造价值。世界上最伟大的公司大多数都是从某种崭新的、改变游戏规则的价值创造开始的。这个过程可能是戏剧性的、革命性的，就像蒸汽机、电力或互联网；也可能是悄无声息的却是革命性的，比如更好的城市里管道设施系统或更好用的洗衣机。它也可能是出人意料但很应景的发明，比如雷·克罗克（Ray Kroc）发明了一种销售汉堡包的特许经营店的新方式，或者像全食超市

第 5 章　创新与价值创造

这样，为消费者提供天然的有机食品，而当时整个美国都未意识到健康饮食隐含巨大商机。几十年后，这些创新彻底改变了整个食品行业。

创新可以有无数种表现形式，但创新的核心是创造价值，提升人们的生活品质，并与他人分享价值。在这富有魔力的神奇交换过程中，存在着人类共同崛起的基因，以及经济增长的根本引擎，即创新与创造价值。在持续动态演变的环境中，一个人要么创新，要么落后。坐着不动的命运就是：先被复制，然后在竞争中被挤出，最终变得彻底无关紧要。创新和创造价值是创业者的动力，是风险投资家的目标，也是任何大公司或小公司持续面临的挑战。这就是 21 世纪最伟大的神话学家约瑟夫·坎贝尔（Joseph Campbell）所说的英雄旅程的"冒险召唤"阶段——一种积极的、进取的、全身心投入的品质，这也是觉醒领导者与改善生活、创造财富的觉醒商业共通的核心价值观。创新和创造价值、迭代打磨、重复，不断向前。

如果你对这种崇高的声明感到害怕，并担心你是否具有人们引以为自豪的这个特质，那让我澄清一下：觉醒领导者并不一定是创造新事物的天才。事实上，很少有领导者拥有像史蒂夫·乔布斯（Steve Jobs）、比尔·盖茨（Bill Gates）、杰夫·贝佐斯（Jeff Bezos）、埃隆·马斯克（Elon Musk）或托马斯·爱迪生（Thomas Edison）那样伟大的创造力。我们当然可以向他们学习，并在最大程度上开发我们自身的创造力。但是对于觉醒领导者来说，更重要的问题是：我如何培养周围人的创新精

123

神？我如何在我的组织里创造和培育创新文化？当创新发生时，我能首先识别并支持它吗？我能加速创新的过程吗？也就是加速将创新的想法转化为真正有价值的产品，并通过市场验证的过程。领导者拥有巨大的影响力，觉醒领导者会仔细思考如何利用这种影响力，在个人、团队以及组织文化中植入创新意识和价值创造的理念。

创新练习：反思人类的进步

每一位有抱负的觉醒领导者都应该花些时间来反思创新的传统，正是这种传统让想象力产生了创造性的飞跃，开启了创新的点子向市场落地的关键性旅程，最终使我们所有人的生活变得更好。让我们简单一瞥你每天使用的日常物品。哪些是十年前就有的呢？哪些是20年前就有的呢？哪些是半个世纪前就有的呢？回想一下你父母和祖父母的生活，哪些是你认为理所当然的，而对他们是不可能想象的？你可以把这段反思之旅倒回到思之所及的极点处。如果你的想象力出了问题，那就求助于数据专家，比如《事实》(Facts) 一书的作者、已故的汉斯·罗斯林 (Hans Rosling)。反思是一种强大而鼓舞人心的方式，让我们更加明了创新在让我们的世界变得更好上所发挥的巨大作用。

创新喜欢结伴而行

我们常常认为，创新之路需要一个英雄人物深入挖掘自身的独特视野，并带来一些令人难以置信的新奇事物。比如，一件艺术品、一段音乐、一款革命性的软件产品，或者针对一个棘手问题的天才解决方案。当然，个人创造力对于创新是至关重要的，但单个创意天才的标志性形象可能被夸大了。斯坦福大学教授弗雷德·特纳（Fred Turner）在他关于计算机革命开端的书《从反主流文化到网络文化》（*From Counterculture to Cyberculture*）里面敏锐地指出"创新思想更多的是在团队的相互交流中产生的，而很少诞生于某个人的大脑里"。[4]他写道，创新、创造和突破性的想法需要的不仅仅是大脑中相互作用的神经元网络，更依赖于真实的人际互动网络，包括投入地参与、提炼、发明、想象、分享和相互支持彼此的工作。

事实上，当你仔细观察历史上许多真正的天才时，你会发现他们受到了高度创造性的文化、群体或"场景"的激发，他们自身也是这个文化群体的一部分。音乐家布莱恩·伊诺（Brian Eno）创造了一个绝妙的词"scenius"来描述这种天才集体出现的现象。请想一想美国的开国元勋们、19世纪初的英国浪漫主义诗人们、20世纪20年代的巴黎、20世纪六七十年代的伦敦摇滚界，70年代到今天的硅谷。通常是一个或几个才华横溢的人先激发了这个群体，但这个场景本身就有自己的生命力，在过程中又生发了一些东西，提升了个体的创造力。这样的社区成了创新的温床，对于艺术、哲学、文学、政治和商业孕育创新思想发挥着重要作用。事实上，最具创新精神的公司正设法做到这一点——营造一个吸引和激励有才华的人和原创想法的创意场景。正如许多历史学家指出的那样，爱迪生依靠一群才华横溢的人——他们被称为"混混"——成为他创新的关键引擎。创新喜欢结伴而行。爱迪生的天才之处在于他能激发和鼓励他人的奉献精神和创造力，似乎就像他一个人在独自施展才华一样。

那么，觉醒领导者是如何做到既鼓励个体发挥创造力，又能创建具有创新 DNA 的团队呢？我们该如何影响组织文化使其更具创造性和活力呢？这里有一些方法供您参考。

创建正确的激励机制。 人是社会生物，需要不断地从社会群体中寻找反馈、肯定和提示。企业领导者是公司——这个商业部落的文化基调的创立者，要清楚地意识到你正在激发和奖励的"可能性边界"。企业里每一个或明或暗的决定，比如什么样的行为是可取的、什么样的言行是可接受的、什么样的想法是有趣的、什么样的建议是值得奖励的、什么样的提议是需要被肯定的、哪些项目是值得被资助的、哪些活动需要给予经济支持，这些都将形成组织文化的基因。该企业的文化是否洋溢着乐观主义、自由思想和探索精神？它是以严谨、职业道德和纪律著称的吗？它是鼓励大胆试验、创造力呢，还是鼓励遵守规则？一般来说，组织文化本身并没有好坏之分，但不同的组

第 5 章 创新与价值创造

织文化服务于截然不同的目标。觉醒领导者会仔细地思考那些塑造组织个性的成文的，以及不成文的约定。

鲍勃·迪伦（Bob Dylan）在他的经典歌曲《布朗斯维尔女孩》(*Brownsville Girl*) 中唱道："人们不会做自己相信的事，他们只会做最方便的事，然后就会后悔。"[5]我们希望美国公司的情况没有那么糟糕。对于领导者而言，当你谈到要创建企业文化时，重要的不是口头上说你相信什么，而是实际上做了什么，你作为领导者树立了什么样的榜样，最重要的是，你每天在企业里鼓励什么样的行为。没有什么比"说一套，做一套"更能破坏组织文化的了。在当代社会里，人们已经进化出对虚伪言行的高度敏感性。

激励可以用金钱，但也可以不是金钱。有时候，仅仅是在正确的时间向正确的人给予表扬及赞赏，会比给他们下一场瓢泼的"奖金雨"效果更好。永远不要低估真诚欣赏的力量。如果你真心奖励创造性、新思维和创新想法，随着时间的推移，你会得到更多类似的新想法、新点子。如果你想要一种创造性的、创新性的文化，应确保你尽早并经常地将这种基因植入企业的激励机制中。

鼓励良性竞争。全食超市的门店一直在客户体验上处于领先地位的原因之一是，我们允许在各区域和各门店拥有很大的创新自由度。每个区域和门店的团队都将新想法带到会议桌上，并在已有的基础上不断创造和改进。由此诞生了一种健康的竞争机制，每个团队都试图超越其他团队，都希望想出更多创新的点子。那些最佳创意会复制到全公司，而那些行不通的点子就会慢慢消失。我举一个小例子来说明这一点：你经常在我们店里看到的"麻糬吧"——五颜六色的日本小糯米团，里面包裹着冰激凌馅——这个创意取得了巨大的成功。最初这只是某个门店团队成员的灵感，后来它在那家店里一炮而红，最后全公司都在模仿它的创意。

这种分布式的自治激发了团队的创新精神，如果由公司总部决定每一家新店的具体设计，这种创新精神就永远不会发生。这种做法使全食超市成了门店创意设计的行业领导者。如今走进大多数新式杂货店，你会看到全食超市的影响力——模仿是"最真诚的恭维"。

就如这个案例所示，竞争与协作并不是对立的。如今，竞争有时名声不佳，专家们将商业伦理学家埃德·弗里曼（Ed Freemen）所称的"牛仔资本主义"贬低为狗咬狗文化。竞争不一定非要是残酷无情的，其实存在富有成效的、积极向上的竞争形式。多年来，全食超市有很多竞争对手。我们最激烈的竞争对手之一是全国性连锁商店 Trader Joe's。多年来，道格·劳奇（Doug Rauch）一直是他们的总裁，我们非常了解彼此。Trader Joe's 总是很快地采用全食的一些创新，当然他们也有很多自己的创新被全食超市复制。但最重要的是，道格是一位值得敬佩的领导者，他的竞争动力不仅使全食超市变得更好，而且我认为美国的零售用户都从竞争中受益，当然两家公司也都

第 5 章　创新与价值创造

从中受益。道格于 2008 年退休，在过去的十年里，我们从竞争者变成了合作者——道格在非营利组织觉醒商业担任了多年的首席执行官。当可敬的领导者投入竞争时，获胜的不仅仅是企业本身。

无论是在企业内部还是外部，竞争都是促进创新的健康动力。让我们看看彼得·戴曼迪斯（Peter Diamandis）在 X-Prize 基金会做了些什么：他利用竞争机制，通过为获胜者提供丰厚的奖金，来激励人们在为社会带来巨大好处的领域进行创新。X-Prize 基金于 1996 年公布了第一个 1000 万美元奖励基金，用于奖励第一个由非政府组织发射的可重复使用的飞船。该飞船需要在两星期时间内两次进入太空。这笔奖金在 2004 年被领取。至今，X-Prize 基金会已经为卫生、科技、教育、探索、气候等领域提供了竞赛奖金。

策划一个"共谋"。 约翰·斯特里特（John Street）是科罗拉多州的一位科技企业家，因为准确预测 IT 行业的发展趋势而创立了好几家成功的公司。他对创意与协作的结合有一个有趣的看法。他认为，真正具有创新精神的组织在其文化中有某种"共谋元素"——所有团队成员似乎都有一种感觉，他们在参与一个只有他们知道而世人都不知道的秘密。一方面，打破现有规则会让团队成员或公司感受到创造力和自主权，另一方面对"共谋"的分享也会形成一种重要的纽带。这体现了我们部落本性中积极的一面，我们需要社区、连接和协作。它还增加了人

129

们的兴奋感,即每个人都与共同使命的成功息息相关。

斯特里特是如何在他的公司里做到这一点的呢?沟通是关键,他解释道:今天,团队成员们想要了解的是计划的全部背景。团队成员如果不能对目标感同身受,就不能策划"共谋"。他们不仅要知道"如何做",他们还要知道"为什么要做"。他们需要了解企业的总体目标,以及他们为此可以做什么。如果自己与企业有利害关系,他们工作起来更有效率,其中有财务方面的原因,同时也有社交方面的原因。

《玩票大的》(*Play Bigger*)一书的两位作者也有类似的观点,即最成功的公司往往都是"类别之王"。[6]他们定义了一个新的市场类别,并对如何使市场变得更好有自己强烈的"观点"。全食超市对健康饮食有自己的观点,这个独特观点深深植入了我们创建的每一家门店。赛富时(Salesforce)对于软件服务有自己独特的观点。爱彼迎(AirB&B)对于旅游和酒店服务有属于自己的独特观点。

换句话说,共谋是个故事,它创造了一种共同的情感价值观,一套企业内部的连接点,通过这些连接点把一群人联系在一起,并激励他们一起工作。它甚至定义了一种"文化薄膜",将人们分为属于这个令人兴奋的"共谋项目"的内部社群,和不属于此的外部社群。正因如此,那些拥有强大企业文化的成功组织常常被描述为"邪教"。当然,这可能有些过头了,这也是"共谋"的建议需要与之前说过的自主性和创造性达到一定程度的平衡的原因。但是,当"共谋"的业务已经发展良好,

"独特观点"已经很清晰很强大，同时，领导者能够把团队成员带进这种情感氛围里，体会到"共谋"的感受时，就能激发出团队成员力量强大且创意十足的创新行为。

拥抱边缘。如果你在寻找创新，你不太可能在企业的核心找到它。真正的进化和创新往往发生在边界、边缘或中间地带。不同文化模式融合交界之处、现存规则和惯例影响较小之处、发明试验不受约束与自由开展的地方，通常都是创新旺盛生长的地方。其实，这些地方也是生命、文化和商业蓬勃发展之地。这也是美国最伟大的艺术形式之一——爵士乐会诞生在新奥尔良地区的原因，那是一个多元文化、多元音乐风格和多元艺术形式融合的城市。城市孕育了历史上最卓越的创新项目，因为城市里有不同的文化、不同的人、不同的思想，在城市这个充满创造力和活力的大熔炉中，相互交流、交相重叠，催化了创新。

作为体育迷，我最喜欢的"边缘性进化"的例子是过去几十年中 NBA 篮球赛的最大变化：快攻、三分投篮、节奏和空间的打法在最近几年已经革新了这项运动。这些创新并不是来自 NBA 的传统核心球队，并不是来自洛杉矶湖人队的更衣室或波士顿凯尔特人队的训练场。它最初是在意大利联赛中孕育出来的。在远离篮球运动中心的意大利联赛中，迈克·德安东尼（Mike D'Antoni）首次尝试了快攻风格。在德安东尼的带领下，快攻风格穿越了大西洋来到了"7 秒或更短"的菲尼克斯太阳队；随后在休斯敦火箭队和金州勇士队等球队的成功中最终成形。如今，这几乎是每一支 NBA 球队的风格。

同样的原理解释了为什么旧金山南部半岛从 20 世纪 60 年代末 70 年代初开始成为全球重要的创新中心。南旧金山远离东海岸那些古板的商业机构，不太受美国企业界已有传统和社会等级制度的影响，同时该地区投资机构及资金云集，并且拥有斯坦福大学和加州大学伯克利分校等智力资本。在阳光明媚的海湾西南角，有更多空间，能涵容更自由的思维、更开放的试验，拥抱新的组织形态，也有雄厚的技术背景支持对新商业的重构。车库、地下室和学生宿舍成了惠普、英特尔、谷歌、苹果和许多其他公司的诞生地。50 年后的今天，几家最成功的初创公司已经创造了数万亿美元的财富，硅谷或许已经成为历史上最大的财富创造引擎。

今天，金钱、权力和地位源源不断地流入旧金山湾区，似乎永无休止……来自顶尖大学的快乐千禧一代漫步在充满未来感的公司园区里，不时遭遇意外的惊喜，享受着美食广场里丰富的食物，下班后打打乒乓球，与此同时，工程师们在一整面墙壁大小的白板上涂鸦，以激发灵感。这样的社会文化会更具有创新性吗？也许吧。但如果在你最期待的地方苦苦寻找创新，通常是徒劳的。正如谷歌前首席执行官埃里克·施密特所说的："创新的故事并没有改变。通常情况是一个不起眼的小团队里有人想出了新点子，而他们周围的人和他们的主管通常都不能理解。"[7] 人们不禁要问，下一个伟大的创新商业生态系统会在哪里找到孕育自身的车库、地下室和宿舍？会在企业的中心，比如：

第 5 章　创新与价值创造

高管豪华套房、行政办公室或董事会会议室吗？——不，这些地方通常是保守主义自然地占据着主导地位。这未必是件坏事。一个企业在发展过程中，都会经历制度化、规范化的一些关键阶段，那时候，集中化应该是组织或任何业务的首要目标。只是别指望创新能在那样的环境下蓬勃发展。

创新从边缘开始并向中心移动，而制度化是从中心开始向外发展。两者都很重要。但领导者必须明白其中的区别。觉醒领导者如果只是盼望或祈祷创新之神——缪斯定期来拜访自己，那肯定是远远不够的。他们必须时刻关注自己所处的商业生态系统的边界，在那儿，一些颠覆未来的想法、流程和技术正处于孕育中，下一场革命也正在酝酿之中。

有时候，公司不仅仅关注他们的颠覆者，还会自行创造颠覆性的优势，建立自己的"臭鼬工厂"，即建立可以在常规制度之外运作并产生新想法和开发新产品的团队或部门。这种方法的一个例子来自鲍勃·格雷菲尔德（Bob Greifeld）任首席执行官时的纳斯达克证券交易所。在他写的书《市场推动者》（*Market Mover*）中，鲍勃描述了他是如何认识到需要为创新项目设立一个受保护的空间，这些创新项目不必受到整个组织都在推广贯彻的严格财务制度的约束。总的来说，他当时正在有意识地奖励严格的财务纪律、削减成本和提高效率。但这些激励措施，虽然对他正在主导的组织转型至关重要，却与创新的长期精神背道而驰。因此，他设立了一个名为"天赋委员会"的机构，其职能类似于风险投资公司的投资委员会。纳斯达克交易所的团队成员们可以向该委员会提出创新项目或创意，经评审被认定为有希望的项目或创意将获得资金支持，并且该项目的收支独立于创意提出者所在部门的运营预算。换句话说，这些项目的成功与否不会影响到该部门的业绩底线。"这听起来似乎很简单，"格雷菲尔德在他的《市场推动者》一书中写道，"但是，对于一家严格遵守财务纪律的大公司来说，这就像是试图调动大脑的另一边。'天赋委员会'对创新项目的评审方法与指标和考核常规运作项目完全不同；否则，我们组织文化中的财务纪律就会在这些新项目展现出真正潜力之前，把它们活活吃掉。"[8]并不是所有获得资金支持的项目都取得了成功，但那些成功的项目确实成了纳斯达克在未来持续增长的推动力。这个案例提醒觉醒领导者要时刻注意创造新事物、新产品、新业务和新品类与管理现有产品、现有业务和现有品类之间的巨大差异，并以富有成效的方式来管理这种差异。

及时识别创新。"滑向冰球将要去的地方，而不是它曾经去过的地方"——曲棍球明星韦恩·格雷茨基（Wayne Gretzky）的这句台词几乎已经成了当今创新产业中一条不言而喻的真理。换句话说，一个人必须预测未来，了解文化和技术趋势将在哪里融合，并创造出适合这个新兴图景的产品和服务（更多关于指数型变化世界的预测艺术，请参见第6章）。伦敦大学学院的经济学家卡洛塔·佩雷斯（Carlota Perez）提醒我们要认识到：许多创新的解决方案并"不是凭空想象出来的，而是正确地识

第5章 创新与价值创造

别出已有的发展趋势，并加速它们"。[9]

一个真正具有前瞻性的公司不只是关注其竞争对手或现有市场，而且要关注市场的下一次转型或颠覆性转变。在著名企业家约翰·钱伯斯（John Chambers）的领导下，思科系统公司（Cisco）成长为我们这个时代最伟大的科技公司之一。他特别强调这一点："当转型发生时，你应该关注转型本身，而不是你的竞争对手。如果你把注意力集中在竞争对手身上，那你就是在回头看。"[10]通过关注市场变化的走向，关注创新走向的信号，钱伯斯带领思科公司持续保有业界的领先地位，避免了因为在一个沙盘中玩得太久而产生的错误，从而被时代淘汰。

钱伯斯的天赋之一是，他能快速意识到公司何时犯了错误，何时没跟上市场转型的步伐。他不仅遵循杰克·韦尔奇著名的建议，坚持要思科保持在产业中第一或第二的竞争地位，还乐意承认失败，并在市场出现转变信号时迅速调整方向。思科收购"翻转相机"（Flip camera）公司的整个过程很好地说明了这一点。翻转相机是一款在2008年占领消费市场的流行摄像机。思科斥资5亿多美元收购该公司之后，iPhone问世了，苹果公司在手机中也嵌入了摄像头。翻转相机很快就过时了。2011年，在收购这家公司仅仅三年后，思科就彻底关闭了它，承认了自己的错误。他们没有在这个项目上投入更多的资金，也没有浪费更多的时间以收回巨大的沉没成本。他们只是承认失败后，继续向前。对于任何一家创新型公司来说，天平的另一端都是"风险"。这意味着偶尔的失败是不可避免的。承认失败、改变

135

策略、快速前进，及时从失败项目抽身而出，可以将更多的精力投入到真正具有创新性的、最终成功的项目中。

虽然我们都想拥有一个水晶球，但没有人总是能准确地预测未来或创造未来。再说一次，觉醒领导者并不仅仅是指自身具有创新能力的人。当商业范式革命刚开始萌芽时，就要能识别出它、欣赏它，并将其价值介绍推广给别人，这种能力对于企业领导者来说同样重要。谷歌的搜索引擎业务起步较晚，但这并不妨碍它现在是搜索引擎行业的领导者。脸书（Facebook）并不是社交媒体的发明者，但它认识到了社交媒体的巨大潜力，并创造了最好的平台。全食超市并不是天然有机食品运动的最初发起人，但我们认识到了这个新型市场具有巨大的潜力，而当时几乎所有人都不这样认为。

传奇风险投资家阿瑟·洛克（Arthur Rock）在这方面颇有天赋。他并没有创立英特尔或苹果公司，也不是英特尔或苹果取得巨大成功的推动者，他也没有发明微处理器或集成电路，然而他在其中扮演了不可或缺的角色。他特别的天赋是感知到了20世纪60年代在旧金山南部开始发生的颠覆性创新，对此倍加赞赏，并积极支持以促使其诞生。他将东海岸的资本和商业经验带到当时西部商业界这个"不毛之地"，充当"跨界扳手"，即在两个世界的交界处游走，并在跨界互动中创造出伟大事物的人。他不是一个才华横溢的发明家，也不是一个有技术远见的人，但他以自己的方式给许多至关重要的硅谷公司的崛起带来了巨大的影响。他周围有许多杰出的人物，比如"半导体工业之父"戈登·摩尔（Gordon Moore）、伟大的有远见的英特尔联合创始人罗伯特·诺伊斯（Robert Noyce），以及长期担任英特尔首席执行官的安德鲁·格罗夫（Andrew Grove）。但亚瑟·洛克是幕后的大师，帮助将所有人整合起来一起工作。后来，他成为苹果公司崛起的关键贡献者，为两个不知名的孩子史蒂夫·乔布斯和史蒂夫·沃兹尼亚克提供了初始的投资资金，并帮助将乔布斯的天才远见和沃兹尼亚克的工程才能转化为一个正常运转的公司。洛克知道如何识别有使命感的、有远见的创新领袖。他知道伟大的公司都有伟大的使命，对于成功而言，创新动机远比单纯的利润动机重要。"如果你只是想通过创业赚钱，那就别想了，你是赚不到钱的，"洛克曾这样评价自己的投资风格，"如果你的创业是想为社会做贡献，那我们可以谈一谈。"[11]

创新练习：猎取好主意

金融投资公司 Motley Fool 以其创新和新奇有趣的企业文化闻名于世。他们保持思想流动的方法之一是所谓的"猎取好主意"的活动。在活动中，团队成员分成不同的小组，每个小组都有一个目标：拜访另一家企业或组织，通常是距离其总部周边几小时内的一家组织，带回至少一个新的想法或做法。然后，他们把每个人的发现拍成电影，播放给整个公司。这个活动将团队成员联系在一起，让他们走出熟悉的环境，进入一个全新的视角，这是一种极好的方式，可以获取真正的智慧，并发现其他公司正成功实施的创新解决方案。"猎取好主意"本身就是个好主意。

灵活重塑组织结构

当提到创新时，我们通常关注的是产品创新或服务创新。但是，创新也可以在公司的组织架构设计中发挥它的魔力——改变公司的组织架构和文化，释放公司的创新能力，为利益相关者服务。在过去的几十年里，我们看到了业界掀起了一波组织结构设计的实验性的浪潮，从传统型结构向更灵活流动的组织架构转变。

在人类历史的大部分时间里，大型组织的标准化设计都非常官僚，权力集中在高层。传统组织架构依赖于"命令与控制"的等级制度，而后者是从军队文化中汲取而来的。无疑，"命令与控制"是下述问题的一种解决方案：我们如何让一大群人朝同一个方向划船？我们如何在一个复杂的大型组织中建立起自上而下的清晰的沟通渠道和权威机制？传统结构尽管有缺点，但好处是有助于确保控制、一致性和标准化；有很多理由表明，在世界变化非常缓慢、创新非常罕见时，"命令与控制"可能是最有效的组织设计。因此，时至今日，政府组织仍然倾向于保留官僚等级制度，但是，企业正在迅速地摆脱传统的组织设计。

事实证明，为了跟上当今史无前例的技术变迁和竞争变化速度，全新的组织结构是必要的。官僚等级制度实在是太慢了，以至很难成功。

那么，我们应该如何发展自组织、快速迭代、动态的企业文化？即使所有团队成员的目标都一致，都自愿参与一个共同任务，都愿意朝着共同的方向前进，但我们仍然面临着如何在组织中合理分配智力资源，如何分权与授权以实现各层级享有解决问题的自主权的问题。要回答这些问题，我们不仅需要命令和控制，还需要"创造与协作"。我们需要新的组织架构，它的目的就是给予人们自由，让创新和创造力得以蓬勃发展；与此同时，在新的组织架构中，人们能够有效地合作，并将各种创新想法打磨成形并付诸实施。

平衡这两方面的要求并非易事。当一群人组成了一个或大或小的社会组织时，都不可避免地形成自身强大的文化模式，一旦这个文化模式可以自我延续和自我复制时，就很容易形成某种体制惰性。换句话说，组织文化会自我强化。每个组织都有一套免疫系统，拒绝接受不符合其主流组织范式的新想法。但真正的创造力需要相反的东西——质疑"事物一贯如此"，提出新的方向，挑战现状。哲学家阿瑟·凯斯特勒（Arthur Koestler）曾把创造力称为"一种解放行为——用独创性击败习惯"。[12]创造力和创新往往不会顺应当下的流行模式。因此，如果希望在公司文化中发展创造力，除了少数高层人员的灵感之外，领导者需要重新思考组织结构，以允许自主创新和对创新失败的宽容。

如今，受精益制造、敏捷项目管理和软件开发等启发，许多公司和商业思想家都开始这么做了。他们拒绝自上而下的控制，正在重塑组织，进一步实现"自主管理"或"自组织"。尽管各种方法千差万别，但大多数方法都会涉及在团队自主管理基础上，建立一个网状结构。

例如，在全食超市，我们围绕相互关联的团队来组织公司。全食超市的每个员工都是一个或多个团队的成员。每个门店分成不同的团队，每个团队专注于不同的客户服务领域，如农产品、肉类、海鲜、半成品食物、杂货、特产、全身（whole body）或前端客户服务。虽然每个团队都有各自的角色和工作职责，但我们鼓励所有团队在需要时相互支持和帮助。我们相信，在团队之间交叉培训工作技能对提高客户满意度和工作满意度也很重要。

全食超市组织架构的关键是，门店里的每个团队都被充分授权，并在很大程度上自主管理，同时与该门店所有其他团队紧密相连。每家门店都是 12 个区域团队中某一个团队的成员，所有区域团队都是我们全球领导团队的成员。团队，团队，团队无所不在！全食超市确实是有层级制度，但迄今为止，我们在很大程度上避免了过度官僚主义，即使我们现在有超过 10 万名员工，但同时也是 10 万名团队成员。这使我们创造出关爱团队成员、关爱客户的优秀文化，同时我们也实现了觉醒企业的更高使命，并获得财务上的成功。

第 5 章 创新与价值创造

还有许多其他有趣的例子表明,新组织架构运作良好,同时传递着伟大的企业文化和创新精神。全球规模最大、最具创新精神的科技公司,比如:苹果、亚马逊、谷歌、微软、网飞等,都以各自的方式摒弃了 50 年前大多数企业遵循的典型官僚层级制度。

美捷步是全食超市在亚马逊集团的姐妹公司,拥有当今世界上最有趣和最创新的商业结构设计。美捷步的前首席执行官谢家华受到合弄制(Holacracy)的启发,合弄制是由前软件工程师布莱恩·罗伯森(Brian Robertson)创立的新型企业架构,为公司提供了一个全新的综合"操作系统",以取代传统的层级制度。美捷步与布莱恩·罗伯森的咨询公司 HolacracyOne 紧密合作,积极推广实施合弄制,并进一步发展了合弄制的理念,以更好地适应美捷步自身独特的企业文化。其结果是,美捷步将其管理层级压缩到最小,同时创建起被充分赋能的自组织和自管理团队。这些组织变革提高了美捷步的创新能力,同时也帮助他们加倍努力,向客户提供最卓越的服务品质。

不论是否选择全盘采用这类系统,觉醒领导者都可以从新型组织设计的方法中学到很多。任何希望能活过今天并拥有灿烂明天的组织,都需要找到更加具有适应性和创新性的组织决策方法。任何信奉服务精神的领导者都必须致力于向团队成员授权,而不是简单地对他们行使权力。权力下放的管理方法可以解放和发挥组织中各层级的创造力,鼓励人们做决定和主动行事,消除官僚主义和管理瓶颈。

虽然创造力、自主权和授权都是好东西，但是好东西太多了偶尔也会成为问题。在任何企业里都存在这样一些时刻，必须保证每个人都步调一致、同步前进。在这样的时刻，密切协作、遵照统一方向行动、交付共同任务的能力至关重要。记住，层级制度并非天生不好，不搞层级制度也不一定就意味着完美无缺。每一个觉醒领导者都必须在创造性和一致性、自主性和协同性、层级制和赋权、原创性和体制化之间找到最佳的动态平衡点。

正如我们反复强调的，觉醒领导者的指路明灯应该是使命。领导者该如何组织企业、如何领导企业，以便做出最好的决策来服务于我们的使命？有时候，一个清晰的层级制度和果断的领导者是最佳方案。而在另外一些时候，高度分布式的、以团队为本的方法可能是最理想的。无论在什么情形下，我们都可以在心中牢记上述新的组织结构方式，同时选择当下合适的方法来向团队授权，减少官僚主义，简化流程，提高组织的灵活性。

谦逊也是一种竞争优势

创新的美妙之处在于它可以来自任何地方，你永远不知道下一个突破性的想法、奇妙的新技术或组织进步会在哪里出现。如果这些新方法不是来自你的办公室或会议室，请一定不要忽视它们。许多最成功的公司不仅擅长创新，更是反应敏捷的追随者，既创新又模仿。（如果这两样它们都做不到，它们通常会

第 5 章　创新与价值创造

选择收购其他能做到的公司。当今世界上最重要的科技公司一直在连续收购资产是有原因的，为了保障其领先地位，他们不能仅仅依靠内部创新。）觉醒领导者总是在寻找最佳想法，不管它们来自哪里。

要做到这一点，我们需要克服个人的以及组织的"小我"。不管我们有多聪明，也不管我们组织里的人有多聪明，过多的组织骄傲会干扰对机会和威胁的清晰评估，会在瞬间破坏组织的成功。这通常被称为"非我发明不可"综合征（"not invented here" syndrome）。这是一种微妙又危险的双目失明症，甚至非常成功的组织也会被传染。

事实上，这类症状在高度创新性的组织里，可能尤其难以预防，因为它们已经习惯于自己才是创新的源泉。有时，最具创新精神的团队（和领导者）最容易受组织"小我"的影响。他们沉迷于自己的过程和方法，迷失在自己的憧憬里。他们看不到新的方向，无法与客户、与市场需求相连接，或者错过了身边发生的重要突破。而觉醒领导者更关心实实在在的创新和价值创造，他不介意这个创新是由谁做出来的，在哪里做的，是怎么做的。保持敏捷和灵活，随时做好准备，转变方向，期待惊喜。总之，保持谦逊，不论对于一个领导者还是对于组织来说，都是一种强大的竞争优势。

适用于组织的正确道理对个人也同样适用。没有什么比领导者过度傲慢更能干扰团队的创造性智慧了。如果你想拥有一个创造性的团队，第一条规则就是：当与团队互动时，你的小我不能过强。通常傲慢的人对批评和反对的本能反应是"我对你错",他们通过自动反应和防御来捍卫自己的地位。而谦虚的人则愿意倾听和考虑合理的反馈。正如全球最大的对冲基金桥水基金前首席执行官瑞·达利欧所说的,他们从认为"我是对的"转变为反思"为什么我认为我是对的"[13]。谦虚的人想得更多的是把事情做对,而不只是想证明自己是对的。作为一个领导者,你必须率先垂范做到这一点,鼓励谦逊的言行,甚至一生保持谦逊。真理和好主意有很多面貌,有的响亮而有力,有的安静而谦逊。觉醒领导者总是在倾听最好的方法、最明智的观点和最具创造性的想法。

谦逊并不意味着你缺乏自信或羞于坚持观点。但对于组织的领导者来说,很容易对下属们构建出的"泡泡"倍感舒适,并逐渐习惯于不断地被肯定。你可能习惯于听别人用溢美之词来回应你的想法。但俗话说得好:"如果你是房间里最聪明的人,那么你走错了房间。"你在公司的职位阶梯中升得越高,你越需要自我负责、自我觉察,越不能活在肯定的泡泡中。实际上,在任何职位阶梯或权力结构中都是如此。

专注于创造价值

如果你能践行上面的一些建议,可以确定的是,创新之泉将会开始流动。但请记住,一家公司不能只靠创新生存。如果公司不能做额外的工作,为利益相关者和客户创造真正的价值,它就不太可能获得真正繁荣。这就是为什么我们说"创新和创造价值"。一个经典的例子是施乐帕克研究中心（Xerox PARC）的警示性故事。它曾经是强大的施乐公司所拥有的标志性的研究实验室，过去 50 年里发明了不少基础性技术，包括激光打印机和图形用户界面。但它们无法将自己的发明转化为成功的生意。相反，它们的成果成了新一代初创公司的素材，这些初创公司愉快而心存感激地利用这些创意，建立起了世界级的企业，比如苹果、微软和 3Com 公司。

千万不要忘记创造价值。创新者往往不能充分利用自己灵光一现的天才想法，但作为领导者，你可以为此做点什么。你可以识别天才想法，鼓励它，测试它，最重要的是，让这个想法真正落地运作起来。你要记住，商业创新永远不会诞生于真空研究室里。新产品和新服务必须在市场上创造出真正的价值，解决客户真实的问题，提供崭新的服务，或以其他方式在自愿交换的背景下，提供巨大的附加价值。这就是从创造力的原材料中提炼出经济价值和社会价值的关键魔法。

在非商业环境中，比如非营利组织或政府组织，可能更关注提升社会价值而不是经济价值，但本质上它们并没有什么不同。布鲁斯·弗里德里希（Bruce Friedrich）曾是动物权利组织 PETA 的社会活动家，他不知疲倦地致力于促进动物福祉，试图劝阻人们停止以肉食为基础的日常饮食。作为一个素食主义者，弗里德里希最终得出结论，他的对抗方式是无效的，他过去一直坚持素食主义，但并没有创造多少价值。

于是，他休息了一段时间，重新思考自己的做法，产生了

145

一个洞见。与其改变人们的想法,为什么不改变食物供应呢?这个新想法不仅需要行动主义,更需要创新。今天,弗里德里希的美好食品研究所(Good Food Institute)是以植物性食品替代动物性食品领域里最活跃的组织之一。他们的新业务欣欣向荣,改变了行业实践;他们将投资者与食品技术初创企业连接起来,启动了投资基金;并且在改变我们与畜牧业关系这个议题上,逐渐转换了业界的视角,开始关注什么是可能的。

当我们讨论价值创造时,同样重要的是,要记住:我们指的是为企业的所有利益相关者去创新,而不仅仅是为客户创新,创新并不只与客户相关。事实上,一些最成功、最具创新精神的公司(其中很多是科技公司)是在经历了惨痛的教训后才明白这一点。最近几年,它们在经历了令人瞠目结舌的增长之后,遭遇了来自其他相关群体——当地社区、团队成员、监管机构、供应商等带来的巨大阻力。部分原因是:它们没有充分照顾到生态系统中所有利益相关者。毫无疑问,颠覆性公司都具有社会影响力。它们改变了现状,将别人淘汰出局,它们甚至改变了我们的生活方式。的确,它们永远不可能让所有人都满意,这是真正的创新必然带来的后果。但同时,要牢记真正找到为众多利益相关者创造价值的方法,独辟蹊径地找到新方法去满足他们的诉求。如果我们坚持这样做的话,就不仅仅是做了正确的事情,而且随着时间的推移,我们还能获得巨大的财务回报。如果供应商真心欣赏你,它们会竭尽全力地以最优惠的条件与你长期合作。如果你的团队成员在工作中获得了许多正面体验，他们将成为你最好的推广大使。如果所在的社区感知到你的存在带来了诸多积极效应，社区就会更倾向于支持你，甚至当你遇到一些公关危机的时候也会鼎力支持，而通常每家公司都会遇到公关危机。

创新可以发生在任何地方

有时，我们会忘记，创新可能发生在经济领域中最意想不到的地方。企业家米基·阿格拉沃尔（Miki Agrawal）正是通过持续思考那些别人不愿触碰的生活领域，找到了灵感——月经和粪便。正如她所说："如果你打算投入一件事，想把所有的时间都花在这件事上，那你不如投入到一个真正的大问题中去。"让阿格拉沃尔震惊的是，半个世纪以来，女性卫生领域没有任何真正的创新，整个产品类别包括卫生棉条、卫生巾和月经杯。此外，至少一个世纪以来，厕所的种类没有多大变化。于是，她和她的孪生妹妹拉达（Radha）共同创立了一家名为 Thinx 的公司，该公司定位于为女性设计更方便好用、更舒适的防月经内衣，同时考虑到环境可持续性的现代理念；她的另一家公司 Tushy 正试图用一款廉价、环保的、面向千禧一代的坐浴盆重塑厕所，这款坐浴盆可能会在从未采用过类似欧式卫浴用具的美国市场流行起来。

为了不被她的姐姐超过，拉达·阿格拉沃尔决定在社区理念上进行创新。30 多岁时，她是纽约一家著名夜总会的常客，但有一天晚上，当她在凌晨 4 点吃沙拉三明治时，仔细审视了当时自己真实的生活经历——毒品、逃避现实、缺乏快乐、缺乏与人的连接。当然，她也可以创造出更好的东西来。千禧一代渴望更多的连接感和社区归属感，她开始为他们构建"新的归属容器"。她的解决方案是一场颠覆传统夜生活观念的运动：不再是深夜未眠，而是清晨即起；不再沉迷于毒品难以自拔，代之以清醒的头脑；不再是精疲力竭，以昏昏入睡结束一天，代之以精力充沛，以工作开始一天。她称之为"破晓者"：以舞蹈、瑜伽、诗歌以及其他与人连接的方式来迎接新的一天。"破晓者"活动在世界各地广受欢迎，激励着30多个城市的数十万人以社区体验活动来迎接新的一天。她将这种体验称为"剂量"（DOSE），即包含多巴胺、催产素、血清素和内啡肽的天然配方。用一杯不错的"鸡尾酒"开始你的一天。

当代一句流行的商业格言是："你的利润就是我的机会。"有时，"你忽视的领域就是我的机会"也是正确的。有时候，那些多年未被触及的领域（如果有的话），变革的时机已经成熟。阿格拉沃尔孪生姐妹提醒我们，创新并不一定是一件精心设计的新产品。独特的商业模式和符合时代精神的不凡使命总该有一席之地。价值创造的领域甚至可以跟随我们的想象力拓展到无限……

觉醒领导力工具箱：相邻的可能性

在快速多变和处处隐藏着颠覆性力量的经济大背景下，我们应该如何评估机会、应对趋势、投资未来、制订有效的计划？对任何领导者来说，这都是一项艰巨的任务。值得庆幸的是，复杂性理论家斯图尔特·考夫曼（Stuart Kaufmann）的研究中有一个重要的心智工具，可以帮到领导者。它被称为"相邻的可能性"。考夫曼根据他对生物制剂的观察，提出了这个概念，定义了一个与现状"相邻"的可能的未来空间。即在既定现状下，什么是真正可实现的、近期具有爆发潜力的创新。

为了理解这个概念，让我们先看看哪些是不相邻的可能。如果你试图向未来前进得太远，从你现在的位置跳太多步的话，你已经超过了"相邻的可能性"的范围。例如，卧推500磅（1磅≈453.6克）远远超出了我的任何可能边界！但是，卧推250磅，成为一个打标准杆的高尔夫球手，甚至徒步穿越太平洋山脊小道都在我的"相邻的可能性"边界内。

作者史蒂文·约翰逊（Steven Johnson）在《好点子来自何处》(Where Good Ideas Come From)一书中，简洁地描述了相邻可能性的概念。"这个概念同时抓住了创新变革的局限性及其创造潜力……相邻的可能就像藏在阴影里的未来，徘徊在当前状态的边缘；它是一张地图，展示了所有可以重塑当下的方式。"[14]

在一个快速变化的经济环境中，我们很难超越某个特定事件看到更远的视野，相邻可能性的概念可以有力地帮助我们澄清视野。它鼓励我们展望可能的未来，并知道哪些棋法是可以立即使用的，哪些需要等两三步之后再走。

它有助于区分务实的、可能的前进步伐与不切实际的、鲁莽激进的大跃进。事实上，伟大的领导者经常会本能地应用这个概念，即使他们不知道如何称呼它。

你们团队的"相邻的可能性"是什么？你们业务的"相邻的可能性"是什么？你在技术上的"相邻的可能性"是什么？你所在组织的"相邻的可能性"是什么？领导力的一个重要部分是能够看到相邻的可能性，勾画出一个可期待的、可实现的未来，并为你或你的团队指明一条通向未来的道路。记住，我们每向前移动一次，相邻的可能性也跟着移动。当你朝着"相邻的可能性"边界前进时，边界本身也在扩大。以前看不到的新潜力将成为可能。用考夫曼的话说，每一次对"相邻可能性"的尝试"都增加了接下来可能发生的事情的多样性"。[15]

在一个快速发展的全球化的世界里，对未来的思考具有势不可当的重要性，这个强大而简单的工具可以将我们的注意力集中在最重要的事情上，帮助觉醒领导者们在今日现状和明天的无限可能性之间建立起至关重要的联系。

第 6 章

长线思考

"快速的变化是我们这个时代的标志性特征。经过135亿年的进化,变化成为我们有生之年至关重要的事。世界的变化快过了企业响应并复原的速度。"

——加里·哈默(Gary Hamel)[1]

海拉·托马斯多迪(Halla Tomasdottir)越来越不满,并不是因为工作本身,确切地说,她的工作还不错。她曾就职于百事可乐,并在这家世界顶尖的公司一路步步高升。加入百事可乐之前她在玛氏工作,这是一家大型私营企业,以鲜明的价值观导向型文化而闻名。这两家公司都影响了她的领导风格,但随着千禧年临近,她模糊地意识到自己想从职业中获得更多的东西,而之前的经历均无法满足这一需求。

海拉一向思想独立,这也是她从冰岛来到美国就读奥本大学的部分原因。作为一名勤奋的年轻女性,她很快适应了美国南部的社会与学校生活,她回忆当年经常"白天活儿干得比男人多,夜里酒桌上也大杀四方"。取得 MBA 学位后,海拉留在了美国,因为这样的机会在冰岛是绝无可能的。毕竟,那可是企业员工比冰岛总人口还多的百事可乐!她很感激这段经历,但就像许多崭露头角的觉醒领导者一样,她开始感觉到在生活和事业中似乎还有更有意义的事情等着她去做;而在世界各地卖出去再多的可乐,也无法让她实现这样的探索。顺着这个意义线索不断地追问,让她对美国大企业的信念逐渐瓦解。该回家了!

在冰岛,海拉在学术界而非当地较小的商业领域里得到了关于她人生更高使命的第一个暗示,她领导了雷克雅未克大学(Reykjavík University)一个专门赋能女性及其创业技能的创新突破项目。充分开拓和运用了这个产生真正影响力的机会也让她在这个小国家拥有了话语权。不久,冰岛商会邀请她担任首席执行官,这是一个众人瞩目的职位,而海拉也因此成为正在经历大规模变革的国内商界的核心人物。

冰岛的近代发展以渔业和铝冶炼业闻名,后者属于高耗能产业,充分利用了该国低廉的热能资源,但在金融危机爆发前后几年中,由于巨大的金融泡沫所驱动,冰岛经历了世界经济史上人均产值最繁荣和最萧条的时期。海拉 2006 年接任商会主席时,冰岛的金融业资产规模是其经济总量的四倍之多。到 2008 年泡沫破裂前,这一倍数扩大到十倍以上。(相较而言,在以银行业为基础的瑞士,其金融业资产规模仅为经济总量的两倍。）海拉回忆："这是一种交易成瘾的文化，每家公司都只是通过借入廉价资金并购买其他公司来实现增长。"那种短期的经济金融化是不可持续的，当中有太多的债务、太多的风险，以及太多的自以为是。整个国家似乎都处于纸醉金迷的状态，泡沫迹象随处可见。世界名流出席各种活动并发表演讲，获得可观的出场费，而冰岛的小公司也准备收购欧洲同行业的大公司。这个主要由男性组成的小小的冰岛商业界似乎已经失去了根基。没有人关注建立长期、可持续的经济价值。在她的新岗位上，海拉有平台也有话语权，她勇敢直言。

人们常说面对权力要讲真话，可对海拉来说，那时更像是对着风讲真话，没人在乎也没人愿意听。"就像狂欢派对举行到午夜时，为了避免一早宿醉的状况，有人试图喊停，结果却是所有人都要把这个人赶出去！"

在当时快速致富的狂热中，让别人听到她的声音显得困难重重，但后来海拉在派对上遇到了一位银行女高管，两个人彼此感觉很投缘。对着酒杯，经过一晚上滔滔不绝的碰撞和讨论后，两人共同探讨出应对当前困境的新方案。冰岛商业界由男性主导，当时处于一种不可持续的、痴迷于短期增长的状态。她们决定创建一家与之相抗衡的由女性主导、以价值观导向并富有使命感与长期主义的投资公司，该公司将兼顾利润和原则。对海拉来说，似乎生命中所经历过的一切——她的企业工作经验、帮助年轻女性成长的经历、对冰岛商业界的了解以及对国家未来的关心——都是为了这一刻的到来。她有能力让资本主义展现它的另一个面向，即把使命放在首位并专注于长期价值的创造。

海拉的团队并未扭转冰岛经济繁荣与萧条的交替循环。危机带来沉重的打击，其影响是灾难性的。人们失去了一切，社会契约已到了崩溃的边缘。2008年，总理甚至在电视上祈求上帝保佑这个已经破产的国家，但海拉的客户（这个国家一部分富有的女性）已经感到了被佑护，她们的投资公司也在这场大灾难中幸存下来，成为罕见的亮点。她们的基金一直在建议客户在经济下滑前寻找更安全的水域，当其他人正痴迷于当下如何赚快钱时，她们却在思考如何为明天未雨绸缪。

终于人们准备好来听听她怎么说了，海拉的先见之明和价值主张让她在冰岛商界和其他领域获得了更多的影响力，借助这股影响力，她开始传递使命驱动的商业意识以及可持续的长期价值创造等观点。她后来甚至参加了这个岛国的总统竞选，虽然并未成功，但还是赢得了超过1/3的选票。海拉的人生之路远非坦途或一贯清晰，但那曾经微弱的使命之光逐渐照亮了富有意义的生命历程。

并非每个领导者都有机会成为一个如此励志的人生哲理故事中的主角，但对创造一个长期并可持续繁荣的商业、经济甚至国家而言，其中的许多原则都适用。我们必须着眼长期，理解动态的变化，基于多年甚至几十年的时间轴进行投资。要做到这一点，我们务必对短期收益最大化（以牺牲长期价值为代价）这一持续的诱惑保持警惕与抵制。尽管短期收益也很重要，并不应被忽视，但就像在冰岛发生过的那样，当我们贪婪地收割未来的潜在价值，并以巨额债务、环境破坏或金融把戏等形

觉醒领导力

式进行恣意挥霍时，我们实际上是在限制并削弱未来的发展。作为觉醒领导者，我们的目标应该恰恰相反，即不断在经济和社会层面加深和拓宽未来的可能性。只有放眼长期才能做到这一点，并且如果不想被看似超出我们控制范围的意外事件突然袭击，我们就需要更好地理解当今经济形势的动态变化，更确切地说，要了解那些加速这些动态变化的技术性力量。

唤醒长期视角

世界的瞬息万变会带来诸多负面影响，其中之一是引发一种既有害又难以避免的短期主义视角。在商业、市场和金融领域，7×24 的商业新闻滚动播报促发人们产生强烈的即时满足需求。投资者希望迅速拿到昨天的成果，希望不断缩短愿景和实施之间的等待周期。在这样的环境下，很容易忽略什么是最重要的。觉醒领导者必须找到恰当的切入角度，抵制短期诱惑，提升愿景，采用更深入、更持久、更大画面的时间轴。人们很容易受到某些魔咒的控制，像"必须解决这周的紧急危机""不要错过机会"等，要注意脱离这些控制，把视野放得更长久些，考虑未来几年甚至数十年发展的可能性；同时还须摆脱上市公司季报的霸凌，关注衡量成功的内涵更丰富的指标。觉醒领导者要为自己和团队的心智发展开辟出时间和空间，产生新的更适合为未来几年、几十年甚至更长时间创造价值的思维模式。需要警惕的是，为长远考虑可能听起来既崇高又富有哲理，但在当今金融力量驱动着如此多决策的商业环境中，这可能是有风险的，甚至会是一个颠覆性的选择。根据我的经验，这也有

第 6 章 长线思考

可能危及你的工作或公司，甚至更多；但这又是每一位真正致力于开创觉醒商业的领导者必须承担的风险。

在全食超市的经营中，我多次受关注短期利益的市场力量掣肘，他们更关注股价的快速上涨，而非长期升值。我对激进的投资人或股东造成的负面影响感到愤怒，这些激进的投资团体在公司占有较大比例的股权，他们会向董事会施压，要求提高短期盈利能力和拉升股价。正如我在第 4 章所述，对冲基金 JANA Partners 是一家激进的投资机构，正是因为他们的介入导致了全食超市与亚马逊的合并，这个方案符合并保护了公司和股东的长期利益，同时避免了 JANA Partners 追求短期利益的负面影响。

另一位曾多次和激进股东抗争的领导者是罗恩·沙伊奇（Ron Schaich）。他是连锁餐厅 Panera 的创始人，这家连锁餐厅不仅取得了现象级的成功，同时也是觉醒商业的真正典范。很少有人能比沙伊奇更加透彻地理解长线思维的重要性。2009 年当他第一次辞去首席执行官一职时，并不是说他不喜欢这份工作，而是因为首席执行官的身份要求他每天花大量的时间在社交和公众活动中。他曾表示，"我厌倦了花 20% 的时间告诉别人我刚刚做了什么，再花 20% 的时间告诉他们我将要做什么。"这些都会分散他的精力，让他无法专注到公司长期发展上，而公司长期发展对他来说是最为重要的。事实上，长线思维的竞争优势是沙伊奇从过去数年经营 Panera 及此前的 Au Bon Pain[①] 中

[①] 一家以经营面包类食品为主的连锁餐吧企业。——译者注

157

学到的最重要的经验教训之一。当他从日常事务的领导者转身成为执行董事长后，终于有时间可以更细致地思考企业更长周期的发展问题了。

Panera 一向是休闲快餐业里的创新代表，其良好的成长表现可和零售同行 Chipotle 以及星巴克相媲美，甚至比它们更出色。沙伊奇知道他的成功秘诀在于自己始终对转型变革以及相应投入保持开放的心态，这些变革短期内会面临一些挑战，但能为公司带来更长期的价值。他再次预感 Panera 需要这样的专注。

当首席执行官职位的短期性需求不再困扰沙伊奇后，他开始专注于餐饮行业大趋势的研究，其中也包括越来越影响行业发展的科技变化。人们需要足够的时间和空间，让这类大问题在脑海中浮现。长线思维调动战略脑的不同部分，它不是一个可随时开关的水龙头，必须先给它腾出地方。沙伊奇开始产生新的想法，它们一点点慢慢地萌芽，最后，从一次海外旅行回来后，他非常流畅地写出了一份长达20页的备忘录，明确为了使 Panera 在未来十来年继续保持竞争力，当下需作出的一系列变革，包括拥抱科技、更聚焦健康、升级会员计划、纯净食物和有效交付。在备忘录发出并得到管理团队支持后，他着手启动了新愿景原型的打磨。

不久，时任首席执行官因个人原因辞职，沙伊奇再次回到首席执行官的岗位，他开始落实这些变革，但这需要时间，而华尔街一贯的"最近你为我做了什么"的态度再次抬头，股票价格停滞不前，激进的投资人开始聒噪，他们甚至要求他辞去首席执行官职务。最后，Panera 的投入获得了回报，重新出发的公司站稳了脚跟，而最终股价也充分反映了这一成功。但沙伊奇对此感到厌烦，他和董事会一致同意将 Panera 出售给一家私人公司，从此 Panera 就可以专注于长期发展的模式了。

　　觉醒商业运动正在蓬勃发展中，我认为股东的激进思路是其发展的最大威胁之一。它就像条寄生虫，栖身于金融资本体系中，如果不根除，宿主很有可能因此丧命。许多认识到这一点的人提议对市场体系进行法律和结构上的调整，以抑制这类思路和手段的泛滥，包括改变税收结构、调整报告的季度性安排，以及通过整合视角重新审视公开市场和私募市场。一些企业已经采用了相对较新但非常成功的共益企业形式或通过了共益企业认证标准，目前在美国 35 个州和某些国家这种新型公司组织形式是合法的。共益企业在法律上要求其董事会考虑多元利益相关者的利益，包括对社会和环境的影响，同时鼓励长期主义。正如共益企业的发起机构 B Labs 创始人杰伊·吉尔伯特（Jay Coen Gilbert）所说，这些新组织有潜力为更多的人创造更"持久的繁荣"，因为它们"接种了抵抗短期主义病毒的疫苗"。[2] 我们相信共益企业是一个很好的起点，但如果要真正重塑金融资本主义，我们还需要更多这样的创新。另一个新颖又有趣的玩家是埃里克·里斯（Eric Ries）创立的长期证券交易所（Long Term Stock Exchange）。该交易所正在为企业创建进入公开市场的新路径，同时又能避免通常上市企业所面对的短期主义压力。但不管采用什么新的激励体系或更新型的架构，都不能削弱领导者和团队的长期主义思维，这是他们发展商业的基础。这个过程有时轻松，有时则充满挑战，但其成功与否很大程度上取决于我们如何看待商业以及自身作为其中一员的角色定位。

练习长线思维：做一次"预先检验"

在商业中人们经常会谈到"验尸"，这是一种与医学有关的表达方式，在商业语境中主要指领导者对项目成败进行的回顾性分析。那尝试下"预先检验"会如何呢？Panera 创始人兼首席执行官罗恩·沙伊奇表示，他借助这个方法保证自己更具战略眼光，以更长期的视角看待未来，确立什么是真正重要的，而不是那些暂时看起来很重要的。他称"预先检验"为一种从生命终结角度审视当前自我的实践。想象一下在你弥留之际，回首当下的自己。问问自己，什么真正重要？真正关心什么？值得冒哪些风险？哪些恐惧其实并没那么重要？需要创造什么？这是个很神奇的澄清练习。定期对自己的人生轨迹进行"预先检验"吧。"如果你诚实地练习，沙伊奇说，你的领导力和人格将渐渐呈现出长期且积极的面向"。

保持无限思维

在当前的商业环境中，人们很容易忽视如何让一家专注于长期成功的公司保持真正的弹性。这类公司不仅对竞争型市场需求做出反应，还创建了一种能实现公司长期繁荣的高创新、

第 6 章 长线思考

高适应性文化。短期"胜利"和长期建设的区别，就像"有限游戏"和"无限游戏"之间的区别。此类术语最初来源于宗教学者、《有限与无限的游戏》(*Finite and Infinite Games*) 的作者詹姆斯·卡斯（James Carse）。对于卡斯来说，无限游戏是开放的，其目的不是简单的"赢"，而是让游戏不断持续。长期主义策略在进程中将不断变化和发展。此外，有限游戏则更像本书第 4 章讨论的输赢场景，有明确的边界、特定的规则、终点线以及明确的赢家和输家。

基于这样的区别，西蒙·斯涅克（Simon Sinek）在《无限的游戏》(*The Infinite Game*) 一书中指出，商业是无限游戏的极佳范例。它是开放的，并不总存在明确赢家和输家，游戏本身在长期主义框架下也进行着永无止境的迭代，而关键在于领导者必须决定他们想怎么玩。许多领导者玩的是有限游戏，他们擅长在短期赢输的竞争中脱颖而出。然而，最优秀的领导者和组织却致力于无限游戏，不断地发明和创造新合作与竞争的舞台。正如斯涅克所说，"无限游戏有无限项……要想在无限的商业游戏中获得成功，人们必须停止思考谁是赢家或谁是最好的，而要开始思考如何建立足够强大和健康的组织，让未来几代人能继续在游戏中玩耍。出乎意料的是，这样做的好处往往也会让公司在短期内变得更强大。"[3] 长期创新是"无限"心态的标志，富有弹性的成功文化也是如此。而一个人可以在有限游戏中成功，却在无限游戏中败北，金融危机前的冰岛就是明证。

觉醒领导者需要清醒地认识到他们已经置身于无限游戏之中。某些人为了自身短期利益往往会利用体系，并以牺牲其他利益相关者为代价从中攫取财富,当今对商业和资本主义的许多批评也都聚焦于此。但面对掠夺性的、短期的、有限导向和非赢即输的资本主义,解决之道并非简单抛弃商业或资本主义制度。相反,整个体系需要进化,而进化的方式是更深刻地认识到,这本质上是一个长期甚至是无限的努力。为此,很需要那些希望成为长线思考大师的觉醒领导者。

当然,也必须认识到不能全部丢弃短期思维。没有人能否认一个现实,那就是商业在创造数十年的长远价值同时,亦务必在此时此地实现盈利。我们须即刻有些收成,保证生存下来,并同时为将来播种。关键在于找到恰当平衡,如果我们只是采收已创造出的能量、创新和商业投资,那么无论它在短期内多么成功,未来的日子都岌岌可危。

发展继任计划是觉醒领导者的重要工作,源于这一挑战中包含人的因素。即使最优秀的公司,领导层交接也往往充满着风险,因为支持和发展一家企业实现长期发展所需的技能与管理短期盈利是不同的。通常情况下,一位新首席执行官是在创始人和创新者建立卓越的业务之后上任的。他们会解决许多重要问题,比如削减成本和提高效率,让"列车准点运行"。短期内,公司的业绩可能会更好。事实上,如果该业务有足够长的跑道,这类管理方式可以在一段时间内收获回报。但最终,除非这些领导者也有长远的眼光或者授权其他有长远眼光的人,为未来播下投资的种子,否则在更长的时间框架里他们很难胜任企业守护者的角色。

我们邀请觉醒领导者改用一种新的方式来思考时间、变革以及影响生活与工作多个面向的可能性——从创新、技术、人的发展到运营。长线思维的关键是理解成功的轨迹。当我们看到巨大成就时，很容易忽视那些看似偶发性成功的早期阶段所需的必要前提、辛勤工作和奋斗、持续投资和微小改进。人们更想得到即时满足，现在就回报、马上就享受。人们希望立刻得到"曲棍球棍曲线"般的增长而不是漫长又缓慢的爬坡。人们期望无须在花园播种和辛勤照料就可以享受丰收。然而要想获得长期成功，现在比以往任何时候都更需理解早期投资和长期回报之间的关系。在当今这个独特的时代，保持长线思维要求我们同时面对巨大的不确定性、不可预测性和加速变化的环境。

指数型思维

从前有位国王喜欢下棋。为了吸引当时的潜在对手，他允许赢得对弈的棋手自己提要求拿奖品。有一天，一位旅行的智者接受了邀请并赢得了胜利。作为奖励，他提了一个看起来挺合理的要求，即把一粒米放在棋盘上，从第一个方格开始，然后每格都在上一格基础上加倍，而棋盘上最后那格要堆放的米粒总和就是他的报酬。国王认为这毫不起眼，立马就同意了，并指示随从去给他拿一袋米。在第一个方格上放了一粒，第二个方格上放了两粒，第三个方格上放了四粒，第四个方格上放了八粒，以此类推。一开始，这个数字很小，但很快，这个数字就增长得几乎无法估量。原来国王没有意识到小数据背后隐藏着大事实——增长率，这才是真正的关键所在。正如任何一位优秀的数学家都会揭示的：当你走到棋盘的后半部分时，全世界的大米都会不够放。这就是"指数增长"令人震惊的本质，也是今天许多的领导者没有意识到的。如今，指数型增长正冲击着整个经济和文化。

这本书中倡导的许多核心美德都很古老。例如爱、正直和使命，这些都是历久弥新的，虽然我们在不断探索它们在当代组织设定中该如何呈现，但与之相关的内容并不是这个时代特有的。觉醒领导者不能仅仅服膺上述永恒的价值观，还必须拥抱新的真理。有一些最重要的领导者心智模式是当代特有的，其中不容忽视的就是指数型思维，这是长线思维的重要组成部分。的确，从历史上看，人们对复合增长率有一定的理解（正如上述故事所暗示的那样）。据说爱因斯坦曾宣称复利是世界第八大奇迹。不管他是否真的这么说过，这样的智慧倒也和他相称，相信这位伟大的数学物理学家完全能理解指数增长的非凡力量。指数型思维的重要性远超出金融领域（在我们这次遭遇到的新冠肺炎疫情中，病毒的急速传播也让我们很快领教了指数型增长背后严峻的数学事实），对于那些希望更有意识地带领公司和员工走向未来的领导者来说，也是有相当大的意义的。我们不只是建议你提高数学能力或预测能力（尽管这些都很重要），还要对潜在影响更具备前瞻意识，最好能拓展我们的意识以适应这种不寻常的思考方式，并研究它是如何塑造周围世界的。

直到最近几十年，我们才开始真正了解信息技术的兴起是如何从本质上改变了商业和生活的游戏规则的。1965年，时任

第 6 章　长线思考

英特尔首席执行官的戈登·摩尔（Gordon Moore）发表了一篇文章，他注意到集成电路上的元件数量每年都在翻番，这个观察就是后来著名的"摩尔定律"（Moore's law）。随时间推移，他将这一观察结果修正为每两年翻一番的预测，直到今天都基本如此。几十年来，整个生产规划和预测都以此为依据。

就像棋盘上的大米，持续翻倍会呈现出惊人的数字。20世纪70年代早期，一个微处理器上可能有数千个晶体管。如今，在不超过人类平均寿命的时间内这一数字达到了数十亿。这意味着我们手中不那么昂贵的手机比1968年把人类送上月球的整个计算机系统还要强大许多。从占据整个办公楼层的主机发展到一张桌子大小的个人电脑，再到可以放进口袋的移动设备，等等，这些就是指数型增长的具体展现。

科技不仅改变了硅谷的游戏规则，也改变了我们所有人，无论我们身处哪个领域。未来的几十年，没有一家公司或个人不会被这种指数型增长的趋势所影响。明智的领导者会竭力理解这些发展的力量，同时帮助其员工和组织在这种趋势中自如地穿越。

彼得·戴曼迪斯（Peter Diamandis）说，人类进化到现在已实现"线性的和本地的"思考，而如今我们必须能进行"全球化和指数型"的思考[4]。我们的心智习惯于高度关注本地的事件，超越这种特定设置以对更大趋势和全球问题保持兴趣和觉知是困难的。不幸的是，本地视角已经不足以让我们理解当今所处的日益互联、快速变化和更加全球化的世界。我们本能的线性思维会误解变化的本质，直接跳到结论。

练习指数型思维：做数学题

"……如果走 30 步，能走到 30 米，"《指数型转变》（*Exponential Transformation*）的作者萨利姆·伊斯梅尔（Salim Ismail）说，"如果我按两倍数的方式走 30 步，就能到达 10 亿米。"[5]是的，没写错。但如果你怀疑过这话的真实性，哪怕只有片刻，你也不是唯一的那个。我们大多数人的直觉都认为指数型增长的数学原理与常识相悖，尤其是乍一看。再试试这个：如果把一张纸对折，它的厚度会翻倍；要折多少次就能够到月球？答案是 42。不相信，就亲自算一下吧！可以通过一个简单练习来测试自己对指数型思维的掌握。在棋盘后半边挑一个方格（32—64 之间任意一个），按之前分享的那个故事，根据每一方格翻倍，快速猜出（不用计算器）所挑选方格上有多少粒米。写下你的估算，然后用计算器算出来。你答对了吗？接近吗？如果是，表明你对指数型增长有着不同寻常的直觉，这将很好地支持你发展当下和未来的领导力。但是如果你和其他很多人一样，严重失误，那么就让这一检验帮助我们更谦卑，并激励自己打开思维以迎接更多的可能。

1990 年，人类基因组计划（Human Genome Project，HGP）启动，这是一项旨在全面测定人类基因组序列的国际科学工程。

人们对它抱有很高期望，并计划于 15 年内完成，这立即招致了批评之声。一些人认为此计划过于雄心勃勃，他们说如果不是需要几代人的努力，那至少也得几十年的时间。当时间过半，只完成了 1% 的基因组工作时，这些疑问似乎得到了证实。但对于像雷·库兹韦尔（Ray Kurzweil）这样的指数型思想者和理论家来说，这完全符合计划。毕竟，指数型增长的真正威力要在棋盘的后半段才体现，数字将急剧上升。如果把一个很小的数字翻倍，一开始看起来无足轻重，直到突然间，它会产生爆发式增长。在 HGP 中，事实证明完成 1% 工作量的用时确实是完成项目总时长的一半，最终项目提前完成。

值得注意的是，某个事物会随着时间进步或发展，从而处于一个进化的过程之中，这样的想法其实在历史的长河中属于一个相当新颖的概念。在不久之前，历史上曾经有很长一段时间，人们几乎意识不到世界在发展和演变！当然，我们如今可以回顾并看到进化的实际过程，但变化的速度如此之慢，以至人们在生命进程中很难觉察到。日复一日的循环是大多数人的主要经历，人们的生活方式在不同时代中几乎没有变化。当然，诸如统治权、气候、宗教观点、地缘政治或健康方面可能会有微小或偶尔重大的变化。这些始终处于变化之中，但生活和工作的基本要素并不会发生显著改变。技术进步的加速已经彻底颠覆了这个世界，打开了一个曾经未知的宇宙，这个宇宙是变化的、进步的、改进的、新奇的，甚至丰盈的。正如《连线》杂志前编辑凯文·凯利（Kevin Kelly）所说："新奇是我们今天生活中如此基本的一部分，以至我们忘记了它在古代是多么罕见……直到最近，未来会带来改进的观点才变得流行起来。"[6]

今天，我们处于一个随着时间快速变化的发展过程中，而这些变化也正以戏剧性的方式影响着人们的意识。但我们依然在认知上（有时是文化上）联结着旧世界。"'现实比小说更奇怪'的念头经常在我们的脑海中浮现，并且越来越频繁，甚至是指数级地发生，"科幻作家威廉·吉布森（William Gibson）说道，"我认为这是这个时代所特有的，我不认为咱们的祖父母辈经历过这些。"[7]换句话说，今天我们都生活在棋盘的后半部分。

长线思维不仅需要我们把视角进一步延伸至未来，还需要我们学会"发展性地"思考。这意味着学习如何认知某段时间内的变化，看到的不仅是那些不因时间改变且各自独立的产品或服务，而是一个从2.0到3.0再到5.0的过程。2009年，当运输业的企业高管们看到谷歌创始人和自动驾驶试验车的合影时，他们作何感想？照片上的那辆丰田普锐斯自动驾驶实验车顶着一个巨大的激光雷达传感器，看起来很笨拙，而价格却高达几十万美元。他们是否认为这是不切实际的技术而嗤之以鼻？在那个时候的确如此，但如果意识到这可能只是棋盘上的一个前期方格，那他们的看法会发生怎样的改变？未来会如何发展？正经历着什么过程？发展路径是怎样的？他们中有多少人有发展的远见，当时就能预见到仅仅十几年后技术就会达到今天的水平？指数型思维和发展型思维鼓励我们未来十几年或二十几年的时间里探索特定技术的发展轨迹，而我们采用的视角是非常不同的，不再受局部和线性的误导，不仅关注空间中的具象，也在时间中把握过程。我们可以追溯该产品或服务的前身（就自动驾驶汽车而言，可以追溯到几十年前），并更好地预测其未来的发展路径。我们可以看见过去的故事以及未来可能的发生，理解是什么力量在牵引着这些变化，并能思考发展速度和轨迹。

对于当今的商业领导者来说，只有开始看到时间中的过程而非仅仅空间中的具象时，才会对产品和服务、增长趋势甚至整个行业产生重要的洞察。另外，尽管技术已大幅提升，自动驾驶汽车的成本在过去 10 年里却急剧下降，时至今日仍是如此，而这是指数型增长曲线的另一个常见特征。

练习："10 倍速"你的心智

从理论上说，指数型思维和长期视角听起来很棒，但我们如何才能进入这种模式呢？如何内在地形成具有创造性、战略性的思维模式？硅谷 Jump Associates 顾问公司的首席执行官戴夫·帕特奈克（Dev Patnaik）推荐了一个简单的日常启动策略。早上醒来，在开始一天固定流程的活动之前，花几分钟想想：如何立刻让自己以"10 倍速"的方式思考？从更大的角度去思考工作、组织、自己所做的一切，这将意味着什么？怎样才能把我的领导力提升到另一个水平？在新鲜、有创造力和开放的清晨意识中，在各种日程安排和要求涌入意识之前，你可以把个人意识层次提高并融入到自己的领导方式中吗?你能进行一次创造性的思维跨越吗?放大10倍心智,开始新的一天吧。

你在什么行业里?

在一个加速变化的世界里,长线思考者必须坚定地回答这个问题:"我在从事什么行业?"原因很简单,商业领域发生的变化比过去几十年都要快得多。如果把这个问题的答案定义得过于狭窄,那么你可能会错过机会,或者看不到重要的突破性发展。十年前,如果你问网飞这个问题,得到的回答可能是:"我们从事DVD快递租赁业务。"这个领域确实是他们发明的。对网飞来说,值得庆幸的是,创始人里德·黑斯廷斯(Reid Hastings)给出了不同的答案,他认为网飞从事的是娱乐业。这也解释了他后来把业务转为在线流媒体领域,并最终定位在内容制作,网飞随着技术的发展淘汰了原有的商业模式。公司的未来取决于对公司使命广泛而灵活的理解。

对于网飞这样的公司,一种叫"汇聚"的特殊的技术演化趋势加剧了商业格局的变化。一组新技术汇聚在一起将创造出强大的平台,比如个人电脑、iPhone、互联网,甚至内燃机。可以说,平台是其他技术蓬勃发展的虚拟或物理"栖息地",它加速了创新和颠覆,迅速淘汰更早期的平台。在娱乐行业,视频内容的交付平台在过去几十年经历了几次巨大的转变——从电影院到VHS到DVD,再到基于互联网的流媒体。价值创造活动要与不断变化的交付方式相剥离，只有具备如此愿景的公司才能在变化中继续蓬勃发展。

从许多方面来看，这类平台的变化不仅是技术发展的趋势，也是发展本身。耶稣会神秘主义和进化哲学家德日进（Teilhard de Chardin）[8]在20世纪早期曾写道："一切出现的事物必将汇聚在一起。"他经常被认为是最早预见了互联网即将诞生的理论家之一。德日进谈论的并非技术而是生物学，在某些方面，生物进化和技术进化的确表现出相似的特征，如细胞分裂也是指数型增长的。生物进化也会产生新的"平台"，在此平台上进化得以延续甚至加速。例如，基因曾经是加速生物多样性产生的一个令人难以置信的新平台，而相应的化石则记录了寒武纪生命大爆发这个加速期的历史。人类的心智也是一个非凡的进化平台，它促进了文化的出现并加速了它的演进。

回到技术话题，互联网本身就是汇聚的绝佳例子（也是以各种方式推动人类文明发展的催化剂），也为成千上万个新业务提供了发展平台。有些成功了，比如亚马逊，有些失败了（比如我们在引言中提到的 WholePeople.com，其业务最终夭折了）。事实上，新兴平台的早期往往会提供独特的"淘金"机会，利用它们提供的新可能性来建立早期业务。微软的业务建立在文字处理和电子表格功能的基础上，这些功能被包含在新创建的个人计算机平台中（微软也拥有该操作系统）。整套的新业务往往隐含在新兴的平台中。像近期的智能手机操作系统平台，其中 iOS 和安卓是两大主流。优步（Uber）和来福车（Lyft）等拼车应用是智能手机隐含的众多业务之一，因为智能手机可以精确追踪你的位置，并配有处理地图和交易的机制。成千上万的其他应用程序也是如此，其中一些尚待实现。正如在生物进化中的作用一样，平台加速并支持了新的突破或颠覆性革新业务的发展。

如今，所有领域的领导者都必须关注汇聚现象、平台力量和它们的进化潜力，以及其所隐含的商业潜能。在这样一个世界里，你必须保持敏捷、灵活，从长远（或无限）的角度出发，并注意不要狭隘地看待你的行业。如果你从事汽车零售业，那么未来是极不确定的，但如果你从事的是运输业，你将拥有更多的机会。

对技术颠覆商业的可能性产生担忧甚至恐惧是自然的，但看到不断进步的技术让未来的改变成为可能，这也会渐渐地催生出我们由衷的欣赏，而这是一种更健康的反应。觉醒领导者从根本上并不惧怕未来，而是热衷于成为它的一部分，同时去构建和塑造它。他们更专注于创造未来，而不是从战略上保护自己的企业以抵制变化。未来是无限游戏的一部分，觉醒领导者和长期主义者展示了一种天然的"对未来的信念"，坚信播下的种子将随着时间结出硕果。

预测"做"与"不做"

"预测很难，尤其是关于未来。"这是一句古老的丹麦谚语，在一个加速发展的世界里更是如此。1980年美国电话电报公司（AT&T）请顶级咨询公司麦肯锡就未来移动电话业务提供咨询建议并预测到2000年会有多少部手机。经过一番仔细研究，麦肯锡得出结论说总量不会超过 30 万部，这对于一家庞大的电话公司来说，该市场机会几乎不值得追求。然而，事实是 2000 年每三天市场就能销售 30 万部手机。

但不要责怪麦肯锡！那个时候，每个人都刚开始见识到指数型增长曲线的本质，这种增长方式产生了全新类型的经济。在 1980 年，很少有人意识到在信息技术的推动下，通信技术将经历令人难以置信的指数型的性价比的增长，而如今的领导者已经没有借口了。

话虽如此，本章的目标并非把领导者变成料事如神的预测者，这也基本不可能。在某种程度上，指数型变化和未曾预想的创新总会让我们感到意外。市场中的颠覆性现象处理起来极为不易，而如果是由加速发展的技术所驱动，相应的处理难度又会增加十倍以上。我们常常会被改变生活的创新和曲棍球棍形态的增长曲线弄得措手不及，今天尤其如此。但如果你想成为网飞而非百视达（BlockBuster）、苹果而非诺基亚、优步而非本地出租公司的话，关键在于能够看到棋盘，既可以看到中间的几把米，又能憧憬即将出现的堆积成山的大米，哪怕画面还不是特别清晰。

成为见多识广的预言家虽然重要，但作用也有限。在预测未来技术的发展时，即使最具创新力、技术上最成熟的公司也会犯诸多错误。今天，"没有任何计划能够在和敌人第一次交手之后可以幸存下来"也许还是一条真理，或者用迈克·泰森（Mike Tyson）更直白的话说，"每人都有一个计划，直到被打脸"。在市场经历转型时，特别是受到指数型变化的影响时尤其如此。因此，对组织和个体来说，动态转向和改变自己结论的能力是最重要也是最困难的品质之一。学习指数型思维最重要的好处是，它可以帮助你不执拗于一个糟糕的决定，承认自己也会犯错。马克·吐温曾说："让我们陷入麻烦的不是我们不知道的事情，而是我们认为自己知道但实际并非如此的那些事。"[9]这句话同样适用于预测未来。

长线思维是避免明显错误的一种方法，并能基于共同学习逐步理解技术进步、人类认知与偏见。它给我们提供了成功的机会或者犯新错误的机会。这本书讲了很多关于谦逊的内容，在此也值得一提。记住，谦逊并不一定与缺乏自信或信念有关。一个人可以在拥有巨大自信的同时，仍然保持谦逊。世界顶尖预测专家之一菲利普·泰特洛克（Philip Tetlock）在他的新书《超级预测》（*Superforecasting*）中提到，展望未来时，如果想做出良好的判断，那就需要一种非常特殊的自我反思：

> 良好的判断力需要谦逊的品质，但这不是自我怀疑，觉得自己没有才华、不聪明或不值得，而是带着智慧的谦逊。认识到现实是极其复杂的，看清万事万物间充满纠葛，即使能保持谦逊，人的判断也依然会错误百出。无论是傻瓜或天才，均是如此。所以，你可以既拥有自信，但同时仍带着智慧保持谦逊。事实上，这样的整合会结出硕果，智慧且谦逊的品质可以让人通过谨慎的反思形成良好的判断，而对自身能力的自信又能激发坚定的行动。[10]

第6章 长线思考

健康的乐观主义

拿破仑·波拿巴曾说："领袖带给人希望。"[11]我们并非建议大家去效仿19世纪那个试图统治全世界的雄心勃勃的法国将军，但从某种意义上说，他说得没错。实践长线思维的重要一环就是练习保持希望。为了长期规划和建设，我们必须相信希望。这也意味着相信未来可以因为我们创造性的活动而受到影响、转变和改善。在一个情绪严重趋于悲观的世界里，一个觉醒领导者必须能够整合信念和远见，并向他人传达这种独特的讯息。这不是天真、自大或自吹自擂，而只是说明我们相信自己的坚持、努力和意图会影响未来的发展轨迹。无论愿景多么强大，实现未来的梦想总有风险，而且往往需要我们独自承担，现实也从不给予任何保证。经济学家戴尔德丽·麦克洛斯基（Deidre McCloskey）曾把企业家描述为那些"兼具勇气与谨慎并保持希望"的人。[12]对于创造性的飞跃，仅有希望是不够的，但它必不可少。

也许在深入研究技术发展趋势的指数型性质之后，关于领导力我们能学到的最重要一课就是健康的乐观主义。这里并不是指一种盲目乐观的技术进步主义，或那种认为"技术进步即是每个复杂问题的简单答案"的错误信念。我们这里指的是一种高度理性的乐观主义，一种充满理想的现实主义，它不是基于信仰，而是基于历史的趋势。看着这些趋势，很难不被未来的发展前景所激发。毫无疑问，混乱是会出现的，还有许多意想不到的后果，在更大的飞跃中也可能会有倒退，甚至会有数不胜数的狂热和幻灭。这是任何形式的进步和发展的本质。尽管如此，我们现在的确正生活在有史以来最健康、最繁荣、最和平的时期。[13] 即使我们面临非常多的挑战，科技的崛起依然极大地改善了人类的状况。无论对当前现实有什么抱怨，很少有人愿意回到几百年前的世界，更不用说回到几千年前了。对于商业、组织、创业者还是各类领导者来说，更重要的是，指数型增长的未来将提供给我们至今几乎无法想象的突破和机会。技术将提供更多改善人类状况的机会，并使我们现有的工具相形见绌，这些领域包括遗传学、机器人、自动驾驶汽车、量子计算、AR、VR、3D 打印、充裕的低成本能源、生物技术、纳米技术，以及许多其他尚未被认知的突破。有些正在棋盘的前半部分苦苦缠斗，但别被蒙蔽，很快它们就有可能改变一切。或者更具体地说，它们可能会通过激发新的商业、产品、服务和流程来提供改变一切的机会。它们不会孤军奋战，最终，这些工具需要有长线思维的觉醒领导者来引领，促使其发挥真正的潜在价值。这要求的不仅仅是技术，也需要智慧和洞察力，其中一些来自过去，更多的来自现在和未来。

觉醒领导力工具箱：希望与狂热

你是否曾注意到许多关于社会或行星毁灭的预言似乎总是发生在十年之后？十年足够近，近到能够吸引人的注意力，但又足够远，让人觉得是有可能的（而如果不能实现，人们就会遗忘）。作家格雷格·伊斯特布鲁克

(Gregg Easterbrook)甚至在他的《地球时刻》(A Moment on Earth)一书中为这种趋势创造了一个术语叫"末日预言法则"。在预测未来时,大多数人都会落入一些认知陷阱。另一类常见的预言是认为一种令人兴奋的新技术即将出现。例如,在过去十年里,在围绕着自动驾驶汽车的大肆炒作中,一直不断充斥着对该技术的各类预测。每个人都知道这种颠覆性的技术即将到来,但预测具体的日期却是相当有难度的,专家们不断调整着时间表。后来,JD Power进行了一次消费者调查,询问这项新技术何时会首次亮相,得到的回答也是十年。[14]

"我们倾向于高估一项技术在短期内的影响,而低估其长期的影响。"这句话被称为阿玛拉定律(Amara's law),出自美国未来学家罗伊·阿玛拉(Roy Amara)。的确,过度炒作的东西也并不意味着不值得被关注。

当一项激进的新技术首次进入社会文化领域时,人们自然会疯狂地猜测所有令人难以置信的作用与可能性。但一开始,人们往往会夸大它的普及速度。而从长期来看,随着指数型曲线的上升,变化可能比我们所能预期的更加剧烈。观察这种对新技术狂热的盛衰后,研究机构Gartner创造了"Gartner技术热门度曲线",它跟踪新技术从最初触发公众注意一直到其广泛应用的所有阶段。

Gartner 技术热门度曲线

1. 启动期:新技术通过研究报告或媒体报道引发公

众注意。

2. 泡沫期：对该技术呈现巨大而过度的预期。

3. 低谷期：该技术不仅没有立即改变我们的生活，也无法满足我们的高期望。

4. 爬升期：该技术开始改良并进入我们的生活。

5. 平台期：该技术进入主流，开始规模化扩展和传播。

就像体育明星一样，任何技术都不应沉迷于阅读有关自己的新闻剪报，领导者也不应该如此。了解新技术的应用途径，使我们能够欣赏它们的影响，而不会被最初的狂热所迷惑或被一段时间的媒体幻象所愚弄。在当今的技术变革中，保持清晰的观察和平衡的视角是做出良好决策的关键。了解阿玛拉定律和 Gartner 技术热门度曲线可以让我们保持冷静。

第三部分 人与文化

第 7 章

发展团队

> "没有任何人,包括我,总能成就伟大。但我们都可以带着伟大之爱,做一些小事,如此一来,美妙的事情就会发生。"
>
> ——特蕾莎修女

领导力有一个普遍的神话——媒体经常编造谎言,把企业家和首席执行官们描绘成具有传奇色彩的天才,他们单枪匹马创造了突破性的技术和改变世界的伟大公司。我们被误导以为所有这些伟大的商业成就几乎都是由超级个体取得的,如史蒂夫·乔布斯、杰夫·贝佐斯、埃隆·马斯克、比尔·盖茨、马克·扎克伯格、萨拉·布莱克、拉里·佩奇、谢尔盖·布林、里德·黑塞廷斯、梅格·惠特曼、迈克尔·戴尔、安妮·沃西基以及马云。毫无疑问,这些领导者都是才华横溢的企业家,

第 7 章　发展团队

但我们要清楚的是,他们不可能在复仇者联盟或正义联盟的招募试镜中幸存下来。那么他们是如何获得如此出色的成就的呢?至少部分答案涉及一个重要但被低估的关于如何超越我们个人天赋水平的秘密——一个出色的团队。与这些成功人士一起工作的,是一群令人惊叹的有才华的人,他们与以上这些领导者一起,既能扬长,又能补短。

在现实世界中,我们完成的每一件事都是与他人携手或通过他人来完成的。作为领导者,其优秀程度不会超出团队的优秀程度。这可能是陈词滥调了,但这么说并不为过。虽然团队的领导者经常因成王败寇得到过多的嘉许或指责,但最终被评判的是集体的结果。基于此事实,吸引、雇佣、激励、发展和留住最好的团队对一个组织及其领导者的成功至关重要。对于觉醒领导者来说,投资和不断发展团队的重要性远远超过了个人光芒的重要性。一个能为人才创造卓越机会的成长型组织,必然有远超天才个体的潜能,无论这个天才是真实的,还是媒体炒作的。它的机会窗口更大、跑道更长、文化更健康,它的未来也因此更光明。

对于一位觉醒领导者来说,他身边团队的健康是一个永无止境的、活生生的、立体的和不断演变的谜一般的项目,他总是在努力去完成的过程之中。他知道团队的发展不是可以简单地外包给人力资源部门的事情。的确,这可能需要得到一些旁人的帮助和支持,但同时需要领导者的关注和真正的参与。当我们说一位觉醒领导者在不断地发展团队时,意思是指无论外部环境如何,他总是致力于确保成长、正向、协同和扩张是他周围人的主要体验；并且时常觉察：团队是健康的吗？是茁壮成长的吗？它需要什么？它高产出吗？我如何支持它的发展呢？

团队领导力练习：化学反应测试

领导者应该经常探询团队内部的化学反应，以便更好地了解成员是否需要帮助，以解决任何关系上的挑战。琢磨这些问题：人们相处得如何？团队成员之间的信任度有多高？团队中是否有人在破坏士气？对于这种破坏，我能做什么，也应该做些什么？你对此负责。你是领导者，也是教练。如果团队的化学反应不佳，你要承担起责任，做点儿什么。

招聘与解雇的中道

听起来像是一个简单的事情：创建一个由既聪明又有能力的个体组成的伟大团队，并提供一种让它能够发展和茁壮成长的文化。不错，但是如何做到呢？这一章就是关于这个问题的。先要澄清的是，从根本上说，这并不是完全关于招聘和解雇的。如果一个领导者认为，团队绩效的所有答案都可以在招聘领域找到，那么他们在组织中形成一种真正觉醒的文化的机会可能是微乎其微的。然而，不可否认的是，优秀团队的旅程始于出色的招聘决策。

第7章 发展团队

良好的招聘决策如何至关重要，功成名就的汽车经销商Driversselect（现在的EchoPark）的创始人史蒂夫·霍尔（Steve Hall）深谙此道。在创建企业的过程中，霍尔了解到，创建成功组织文化的关键是在招聘过程中事先投入大量的时间。即使是在面试基层职位时，他已经在寻找那些往后能够在组织结构图里上升两到三个级别的人。例如，在聘用前台时，他寻找的是那些最终可能成为办公室经理的人。当雇用停车场服务员时，他会找一个有一天会成为助理管理员的人。一旦新员工入职，霍尔就投资领导力培训以培养他的基层员工。尽管培训费用昂贵，但他公司的离职率是行业平均水平的1/3，这足以弥补超额的培训费用。

在招聘方面，领导者有两种选择：外聘人才或内部提拔。在权衡这些选择时，领导者应该意识到，企业非常类似于复杂的生态系统。它们有多元相互依存的关系，通过共生共存来创建动态的、不断发展的组织。当系统的一个部分被破坏时，就会引起连锁反应，影响整个系统的茁壮成长。从组织外部空降新成员就是一种隐含着巨大破坏性潜力的活动——无论是积极的还是消极的。

在一个组织内部让内部人才与外部人才的比例保持适中是一项微妙的工作。任何一方做过了头，都可能对业务和文化产生深远影响。我们需要在为最优秀的员工提供晋升机会的同时，也从组织外部招募最优秀的候选人，以提升整个团队的潜力，并在其中维持平衡。团队的连续性和稳定性至关重要，但偶尔引入外部视角产生鲇鱼效应也同样重要。领导者必须时刻保持前瞻性并内省：我们内部的人才是否队伍整齐？我们需要增加特定的角色吗？这些都是需要深思的微妙决定。

不可避免的是，有时领导者需要从组织外部寻找新人才，只是不要把这当成你的默认选择。人们很容易爱上那些看起来充满发展潜力、没有明显缺点的光鲜的新员工。这种职场浪漫就像任何情形下的一见钟情一样，我们会陷入对新团队成员的幻想中——理想的技能组合、完美的协同作用、想象中的影响力等。但是和爱情一样，幻想并不是追求长期关系的健康基础。如果我们生活在现实里会好得多，而在现实中，某个职位的最佳人选通常已经在公司里工作多年了。他或她已经被证明是一名优秀的领导者，赢得了团队的信任，很好地融入了公司文化，具备了新角色所需的专业经验和技能，并准备好承担更多的责任。通过奖励高绩效员工来培养我们内部的人才，为下一代领导者创造了更多的机会担任新的角色。研究表明，内部招聘往往更成功。它创造了巨大的内部善意，显示了公司如何认可与欣赏那些努力工作、高度承诺、有能力和高潜质的人才。

在组织中，通过晋升和提供清晰的上升通道来奖励富有成效的团队成员，并不仅仅是面向高管团队的一种做法。例如，全食超市的一大亮点是，成为一名高效的领导者并不一定要有大学学位。我们店超过 90% 的团队领导者都是从公司内部晋升到他们现在的职位的。我们有很多人在公司工作了 20 多年，从一家商店开始他们的职业生涯，通过自己的努力成了区域总裁和高级副总裁。每个行业都有不同的运作方式和职业道路，但永远不要低估那些聪明、高效的内部领导者的力量，他们已经了解你的公司，并致力于它的成功。

为了更好地从内部晋升人才，公司要愿意在培训上投资。2019年，亚马逊承诺投资7亿美元，在6年内为10万名团队成员提供技能培训。一些公司在培训上吝啬，担心他们只是把员工培训到别处去找一份更好的工作。但计算机服务机构 Geek Squad 却把这种恐惧抛到了脑后。他们了解到，大多数年轻的技术人员将自己的工作视为在其他地方取得更大职业成就的跳板，于是为资深团队成员设立了再就业服务。Geek Squad 公司发现，信任和忠诚带来的回报证明之前的投资是值得的。

那么，内部招聘和外部招聘的最佳比例是什么？每个企业的情况都不一样。在全食超市，我们努力让内部候选人填补大约75%的领导岗位。如果远远低于这个比例，我们的士气也会随之下降。与此同时，我们还需要小心，不要雇佣太少的外部领导者，因为这不仅限制了我们的智力资本，也阻碍了我们用新视角提振组织文化的潜能。多年来，我们倾向于不从外部聘请领导者。回想起来，我认为，倾向内部晋升的偏见最终意味着我们不能总是像我们预期的那样更有效地发展我们的团队。我花了几十年的时间才真正明白，有时候最优秀的人还没有为公司工作。今天，我们有意识地将外部领导者招聘的比例控制在20%以下。

内外薪酬平衡

"让我赚大钱！"小古巴·古丁在1996年的经典电影《甜心先生》(*Jerry Maguire*) 中对汤姆·克鲁斯喊道。[1]这句话已经成为所有类型的谈判的标志性文化基因，甚至曾一度成为美国一档游戏节目的名称。但是，尽管这句话在文化词汇中占有优势，但谈到薪酬激励时，金钱往往被高估了。当然，为有才华的领导者支付具有市场竞争力的薪酬是很重要的。没有人想要被欺骗或者他们的经历被低估的感觉。不过，相较于把共同使命和文化契合度等更有意义的因素作为工作动力，那些把经济报酬视为工作动力的人往往维持不了多久。

通常情况下，他们会去寻找下一份薪水更高的工作，而不是留在公司真正为之做出长期的贡献。如果一个人有良好的简历和业绩记录，总是会有其他人愿意支付更高的薪水，所以我们必须仔细查验候选人是否把加入公司作为跳板，只是为了给自己的简历贴金，然后跳到下一个好机会。

在薪酬问题上，内部薪酬和外部薪酬必须在市场上具有竞争力，并被普遍认为是公平的。如果我们向外部应聘者支付的薪酬低于市场水平，我们可能很难招聘到最优秀的员工，因为他们的反应可能是："我喜欢这家公司，但我不能证明减薪是合理的。"与此同时，我们如果付给外部应聘者的薪酬高于现有团队成员的薪酬，就会引发不满情绪。这就是内部和外部薪酬平等如此重要的原因。

全食超市实现这一目标的途径之一是通过工资透明度。多年来，这一直是一个热门话题，尤其是当涉及高管薪酬比例和性别薪酬差距时，但这是我们已经实践了几十年的事情。包括公司高管团队在内的全公司所有成员的薪酬，通过我们的工资展示报告向公司每个人开放。我们希望团队成员对薪酬平等有一个清晰的视野。如果人们觉得缺乏公平性，他们也可以与领导层协商。这反过来又给了公司一个机会来改变和动态调整潜在的矛盾。在整个组织中创造一种团结感，有助于将关于薪酬的怨恨和八卦保持在较低水平。

不做演讲比赛评委

你是否曾在面试中惊艳于某人非凡的个人魅力和吸引观众的能力？这是一份真正的天赋。然而现实是，通常最有才华的候选人都没有这种能力，但这并不意味着他们不会成为出色的团队成员。不要过度选择演讲技巧。记住，你招聘的不是"优秀的面试者"！超越你的直觉，花点时间，你需要比最初印象更深入地了解一个人。事实上，这也是我们相信多轮面试，尤其是在招聘和晋升时采用一系列小组面试的原因之一。找到合适的人需要时间、反思、交谈和长期的考虑。在招聘过程中，求职者可能很容易用魅力来吸引一个人，但当有团队参与时，这就变得困难得多。我们都存在有意识或无意识的偏见，但一个认真的面试小组所带来的集体智慧和不同的观点，会让不适合组织的候选人更难说服那么多的人。

负责团队整体绩效的人应该有权决定雇佣谁，但这是一个需要考虑团队集体反馈的咨询过程。在全食超市，人们在招聘中做出的最糟糕的决定往往发生在领导者单方面做出决定的时候，也就是要么避免进行最后的小组面试，要么无视小组提出的担忧和反馈。

在选择最佳候选人时，我们要考虑以下几点。显然，聪明和高智商是很重要的，尤其是当这个职位涉及需要高智商工作的时候。但这显然还不充分，我们还需要仔细评估以下三项：

- **情商**：这是一个日趋重要的特征，尤其是在由团队组成的更加复杂的组织环境之中。团队成员需要能够与人沟通，善于倾听并同理他人的感受。沟通、头脑风暴、协作和分享想法是日常的必需，所以没有这些品质的人可能会阻碍团队的全面发展并破坏士气。

- **性格**：这个人有良好的道德品质吗？从根本上说，他们会正直地行事吗？如果不是这样，一个人再聪明能干也没用。一直都很聪明的沃伦·巴菲特曾经说过："我们在招人的时候看重三件事：我们寻找智者，我们寻找主动性或活力，我们寻找正直。如果他们没有后者，前两者会置你于死地，因为如果你要找一个没有诚信的人，你会想要他们既懒惰又愚蠢。"[2] 他可能是半开玩笑，但他的话里有很多事实。诚信并不总是容易在几次面试当中被确认无误，但我们在决定雇佣新员工时应该始终意识到它的重要性。

- **文化契合度**：每个组织都有自己的文化，组织中的许多团队都有亚文化。不要低估它们的力量。如果我们招聘的人根本不符合我们的文化，也不接受我们的文化，他或她最终会失败。仅仅因为某人有相关的经验，并且在另一家公司的相同职位上取得成功，并不意味着这些技能可以跨越文化差异。一个团队对低文化契合的反应就像人体免疫系统对它认为有害的细菌或病毒的反应一样，它会用免疫反应来击退外来入侵者。全食超市过去从公司外部聘请的 16 名高管中，只有 50% 最终获得了成功。无一例外，每个人都有高智商、优秀的简历、强有力的推荐信和出色的工作经验。而在每一个失败案例中，原因都是文化契合度差。

发展觉醒的文化

一旦我们为团队聘请了合适的人，接下来的挑战是持续发展一种让个人和团队能够茁壮成长的文化。文化在组织成功中的力量怎么高估都不为过。作为觉醒领导者，我们的目标之一就是尽可能创造绝对健康的文化。"健康的文化无处不在"应该成为我们的座右铭，因为我们知道创造一个健康的文化将有助于企业的繁荣，并帮助团队成员发挥他们的最高潜能。这样，我们的人员流动率和培训成本会更低，而员工忠诚度会更高，客户也会对我们的业务产生真正的好感，并成为最好的宣传员；另外，我们的利益相关者将以各种方式受益。当我们的文化蓬勃发展时，业务的协同性就会在更高的层次上发展，所有都将运作得更好。

我们如何使组织文化更加健康呢？这听起来是老生常谈，但最重要的一步是将其列为重中之重。很多时候，领导者对组织文化有点想当然，并没有花太多的时间或精力去关注它。一个组织的文化有点像一个花园，它需要小心地把一小块地变成一个丰盛、青翠、鲜花盛开和多产的生态系统。如果我们忽视它，各种杂草就会开始滋长，最终会排挤掉我们想要收获的健康水果和蔬菜。建立一种健康的文化不是一蹴而就的，但长期来看，它的回报是巨大的。我们需要警惕地清除不健康的方面，同时也要确保实施能够带来团队成员满意度、成长和幸福的流程与结构。我们的目标应该是建立一种愉悦、欣赏和满意的文化，同时也建立一种努力工作和高产的文化。在这种文化中，发展和成长的价值观在整个组织中将达成广泛的共识。

当然，每个团队都会经历高潮和低谷。一个高效的领导者运用他们的情商和文化智能来理解他们需要做出的正确决定。有时，这可能意味着润物细无声或推波助澜，甚至是引领巨变；在另一种情况下，这可能只是表示支持和欣赏——"干得漂亮"。领导团队的艺术就像生活中的许多事情一样，涉及相互依赖的阴阳两极（更多关于这个概念的内容请参见第27页《觉醒领导力工具箱：极性的艺术与科学》）。对于觉醒领导者来说，最重要的两极是挑战和支持。因为两者都是重要的领导模式，如果我们只关注一极，我们将创造一种阴阳失调。这个（动态）平衡的支持部分是基于对团队成员及他们需求的耐心、滋养与关怀，而挑战部分往往是推动和迫使团队成员，甚至其他利益相关者投入必要的额外努力，以实现组织的更高使命。

换言之，觉醒领导者必须整合对人和使命的关注，以使组织的这两个方面都能充分发挥其潜力。无情地不惜一切代价地追求使命可能带来暂时进步，但代价是压制人的需求。纵容团队成员而不考虑外部结果可能会在文化和满意度方面产生短期收益，但使命可能会减弱。觉醒领导者需要阴阳的协调。一个觉醒的组织文化必将迈开"挑战"和"支持"的两条腿，大步前进。我们必须努力成为给予人们滋养的公仆，组织崇高使命的勇敢捍卫者。

关于如何培养真正觉醒的文化，这里有一些领导力实践方面的建议。

让团队成员的幸福成为核心价值。团队成员并不仅仅是组织在合适的时候可以利用的"人力资源"；相反，他们是创新、创造力和生产力的"源泉"，需要受到尊重和支持，他们也是该组织共同使命的参与者。当你改变了思维方式，你就可以开始重新想象自己所创造的环境。例如，像西南航空和 Motley Fool 这样觉醒的公司确保他们的文化每天都是有趣和令人愉快的。这可能意味着很多不同的东西——不一定是传统的福利和千禧一代科技园区的乒乓球桌。最重要的是戴上你的创意帽子，有意识地将快乐、乐趣和善意融入你的工作文化中。有趣的文化里流动率较低，生产力水平较高，每个人都会受益。

尽管我们之前已经说过，但再重复一遍也无妨：团队成员想要知道他们被重视、关心和欣赏。由于觉醒领导者专注于创造尽可能健康的企业文化，我们必须向每天与我们一起工作的人表达我们的关心和感激之情。

团队领导力练习：关注你所领导的人

就像父母每天都记挂他们的孩子一样，领导者也需要每天都以类似的方式来关照自己的团队。你是他们的领导者和教练，你有责任尽你所能帮助他们。扪心自问：我的团队怎样才能尽情绽放？我可以提供哪些机会来发挥每个成员的最大潜能？我如何确保他们拥有成功所需的工具？他们的优点和缺点是什么？他们是否需要外部的领导力发展？他们被卡住了吗？也许他们需要某种外部教练？也许你可以通过记录或存档来跟踪他们的挑战和进步。你是否足够关心你的团队，督促他们、跟进他们，给予他们最大的关注？

言出必行。一旦接受并拥抱自己作为领导者的角色，我们能做的最重要的事情之一就是以身作则。人们更关注我们做了什么，而不是说了什么。不管我们愿意与否，我们都要成为一个榜样，我们做的每一件事都会被团队观察到。我们的行动将产生深远的影响，波及远不止我们自己，首先是团队，然后是更大范围的组织。一个好的领导者不会在现实面前退缩。正如诗人马娅·安杰洛（Maya Angelou）曾经说过的，"人们会忘记你说过的话，会忘记你做过的事，但他们永远不会忘记你给他们的感受。"每天尊重并关心你的团队。如果你贬低别人，你怎么可能认为你的团队能保持积极的士气？最终，每个领导者都收获了自己应得的团队。我们的性格品质、正直、使命感和用爱来领导他人的能力都会塑造和影响我们的团队。他们会在我们的领导下进化和成长，或者因为缺乏这些品质而阻碍他们的发展。

第7章 发展团队

同时，不要让以身作则的需要催生出任何形式的领导力套路。当谈到当今的领导力时，真实性尤其重要，因为人们可以很快地识破伪装。

一个领导者很难发展出超越自身意识水平的团队。我们自身的发展水平可以给周围的人提供一种向上的拉力，但它也可以成为团队的天花板。这也是我们必须践行"终身学习和成长"的另一个重要原因（详见第9章）。

领导者，请了解你自己。众所周知，一个组织最初的文化通常是由创始人无意识创造的，他们的优势和劣势成为组织文化的默认特征。但随着时间的推移，通过更强的自我意识和直接从团队征求反馈，我们可以更好地理解这些动态。我们对这些事情了解得越多，我们就能更有效地构建一个弥补这些弱点的团队，从而给整体生产力带来巨大的不同。

当我去全食超市的时候，我看到的是自己作为一个人和领导者的优点，但这个组织也会反映出我的缺点以及我身上某些自己并不喜欢的品质。例如，我是一个非常有创造力的人，擅长头脑风暴，提出创新的解决方案和新想法。然而，这种优势的反面是，我经常不太注意细节。结果是全食超市一直高度创新，但经常没有对所有的运营细节给予足够的关注，特别是在企业发展的前二十年。随着时间的推移，作为一个领导者，我越来越意识到自己的优点和缺点，因此我逐渐稳步地发展了一个可以弥补自身短处的团队。现在的管理团队非常善于从结构和复杂的细节进行思考，同时保持全食超市的创业创新文化。

多年来，这个团队集结了许多杰出的人，如 Glenda Flanagan、A. C. Gallo、Walter Robb、Jason Buechel、Sonya Gafsi-Oblisk、Jim Sud 和 Keith Manbeck。

创造安全与信任的环境。"谷歌不是一家传统的公司，我们也不打算成为其中之一。"[3]这句话出现在 2004 年这家科技巨头上市时，创始人写给投资者的原始信件中。谷歌言出必行。这种独立性的特点之一是，当它想要知道一个难题的答案时，它不依赖于他人的工作或观点，而是寻求自己的答案。2012 年，当谷歌的高管们想要了解让一个团队真正发挥作用的重要特质时，他们没有打电话给麦肯锡或其他咨询公司进行研究或寻求建议，而是选择自己继续追问这个议题。该公司的研究被称为亚里士多德项目——来自伟大哲学家的格言"整体大于部分之和"——包括对 180 个内部团队的详尽研究，以及所有相关的内部研究材料和调查数据。他们将这些数据置于严格的统计模型中，并同时在定量和定性上进行测量，以确保能发现产生积极结果的最关键因素。

几个关键的结果并不令人惊讶。例如，当他们发现团队应该有清晰的结构和透明的角色、职责和目标时，我们并不会特别惊讶。或者当团队有一种可以依靠其他成员的贡献的感觉时，团队工作得最好，等等。不过，还有其他一些发现并不是在一般的 MBA 教科书上能看到的。例如，研究发现，创造成功团队的五大要素中，有两项是：认为自己的工作有意义以及认为我的工作有影响力。意义很重要。当然，并不是所有的工作都是

第 7 章 发展团队

有意义的,也不是每一种形式的有意义的工作都有明确的途径来对世界产生影响。但将这两者结合起来,就会像一杯强有力的鸡尾酒,可以激发真正的团队绩效。

亚里士多德项目排名第一的发现特别吸引人。团队绩效最重要的属性是"心理安全",它指的是一种团队文化,人们在其中可以感觉脆弱、会冒险、会问问题、会寻求帮助、会提出困难的话题,甚至会犯错误,并且普遍相信团队中的其他成员会把他们的最大利益放在心上。真正的信任和相互关心的环境是微妙的,但这是伟大表现的源泉。领导者的工作就是培养这种信任的环境,并成为这种环境的榜样,他们愿意承担风险,提出尖锐的问题,承认错误,并把团队的幸福置于个人幸福之上。

提供明确的目标和回顾。尊重人们的抱负和发展愿望至关重要。他们需要学习什么?他们需要做些什么才能升职?如果他们升职了,下一个角色会是什么?审时度势,他们需要提升哪些技能和特质以便更好地在下一个层次上表现?提供明确定义的职业路径可以让人们有奋斗的目标,也可以让他们发展自己的抱负和目标。如果不向团队展示我们对他们的职业发展的投入,我们就会冒着失去最优秀员工的风险,因为他们会感到沮丧,看不到未来,最终留给我们的是一群没有才华的人。

工作回顾是非常重要的,然而许多小公司并不这样做。人们需要得到一致和坦诚的反馈,以了解自己的位置、擅长的地方,以及需要在哪些领域进一步发展以获得更大的成功。作为工作回顾的一部分,如果我们没有与团队进行建设性和直接的对话，那就是在伤害团队成员和整个组织。一个人如何看待他或她的工作、领导能力和贡献，与同事和其他领导如何看待这些东西之间经常存在脱节，这也就是 360 度评估的价值，它包括了来自团队、同事和领导等多方面的反馈。由于这些内容所创造的整体反馈循环，进行 360 度评估的领导者不太可能忽视问题和挑战，因为一致的主题和反馈将变得显而易见。

360 度评估对于表现不佳的员工也很有价值，可以帮助他们认识到，他们的问题往往不是仅与自己的领导有关，而是与更大的团队有关。换句话说，假设一个团队领导者正在向一个团队成员提供坦率且有建设性的反馈，那个人可能会把它合理化："我做得挺好的，他们就是不喜欢我。这是针对我个人的。"人们开始创造一种受害者的叙事，说自己是如何被误解和不公平对待的。360 度评估是唤醒表现不佳者的有效方法，因为反馈来自多个方面。它不能简单地被解释为一个人的偏见。在过去的几年里，我们看到 360 度评估让许多原本"昏睡"的人醒了过来。

创建明确目标并激励人们实现目标的最好方法之一是把其他成功的组织作为卓越的参照。投资公司 The Motley Fool 的首席执行官汤姆·加德纳（Tom Gardner）是"文化标杆"的坚定拥护者，该公司以拥有活泼、有趣和健康的文化而自豪。The Motley Fool 雇佣了一名全职团队成员，他的工作是联系其他公司，询问他们有哪些经验教训是愿意分享的。事实证明，其他组织的领导者往往渴望分享他们的见解和最佳实践，而 The Motley Fool 会毫不犹豫地实施那些适合自己的想法。

团队领导力练习：提高反馈能力

有些人拥有向别人提供直接和诚实反馈的天赋，但我们大多数人需要努力培养这种技能。就像任何技能一样，我们练习得越多，就会越擅长。领导者可以首先告诉团队，他们想要变得更善于提供坦诚的反馈，但这需要团队的帮助和鼓励来做好这件事。现在团队开始投入去帮助领导者发展他们自身的教练技能。他们在帮助教练！这有助于让领导者变得更加开放和愿意展示脆弱的一面，让他们更人性化。如果领导一开始没有那么熟练的话，这也会让团队更有耐心，更能理解。

鼓励教练文化。为组织中最有潜力的领导者聘请外部教练是一个日益增长的趋势，尤其是在科技行业。这可能是一项昂贵的投资，但在一个大型组织中，领导层素质的高低可以带来巨大的经济回报上的差异，这可能是一项物有所值的投资。全食超市在过去几年中才发现外部领导力发展项目的价值，我们通过兰德·斯塔根（Rand Stagen）在达拉斯创立的斯塔根领导力学院（Stagen Leadership Academy）获得了巨大的成功。对于一些在自我意识、情商和沟通技巧等特定领域苦苦挣扎的领导者来说，进步是显著的。

任何想要了解这种教练力量的第一手资料的人,包括我们这个时代最受尊敬的一些领导者和公司,都应该考虑阅读《教练:价值兆元的管理课》(*Trillion Dollar Coach: The Leadership Playbook of Silicon Valley's Bill Campbell*)。坎贝尔是一位传奇高管教练,2016年去世,他曾指导过一些商界最杰出的人才,包括拉里·佩奇、谢尔盖·布林、埃里克·施密特、乔纳森·罗森博格、谷歌的桑达尔·皮查伊、苹果的史蒂夫·乔布斯、Intuit的布拉德·史密斯、eBay的约翰·多纳霍、雅虎的玛丽莎·梅耶尔、推特的迪克·科斯特罗、脸书的谢丽尔·桑德伯格,以及其他知名的技术领导者。即使在他们职业生涯的顶峰,这些传奇人物也受到过坎贝尔的指导和引领。坎贝尔与之建立了相互信任的关系,帮助他们激发勇气,并在最好和最具挑战性的时期促进他们的个人成长。

虽然外部教练的价值是不可估量的,但对教练的关注不需要局限于这种形式。事实上,觉醒领导者认识到成为教练是自己角色的一部分,他们鼓励组织内的每一位领导者和团队成员都对此达成共识。正如高管教练和蓝点领导力发展机构(Bluepoint Leadership Development)的创始人格雷格·汤普森(Gregg Thompson)在他富有洞察力的书《大师级教练》(*The Master Coach*)中所写的那样,"教练是每个人的事。教练的美妙之处在于,这一角色不是专门为拥有专业知识或身居要职的人准备的……组织中的任何一个人都可以和另一个人坐在一起,挑战他们,提升他们,鼓励他们看到新的可能性,面对他们自己的潜力,肯定他们的诸多天赋,提醒他们做非凡的工作感觉是多么美好。"[4]汤普森指出了关键的一点,教练不是为别人解决问题,是创造一个环境,让人们可以解决自己的问题。他提倡创造一种"教练文化",该文化超越了既定的教练会话,成为组织生活的日常特征。

重视导师项目。除了每位团队领导者作为教练的责任之外,正式的导师项目也有巨大的价值。亚马逊公司的 TA(Technical Advisor,技术顾问)项目就是一个很好的例子。原则上,每位公司的资深领导者都会带一名 TA,在一年或更长时间内 TA 会跟随和观察他所做的一切。因为对亚马逊现任高管的日常职责活动有了广泛而深入的接触,TA 通常被认为是公司未来领导者的高潜力候选人。在完成 TA 项目之后,他们通常会在公司的其他部门担任重要的领导角色。

在全食超市,从 24 岁到 40 岁,我有一位了不起的导师——我的父亲比尔·麦基。当在 1978 年与人共同创建这家公司时,我几乎没有任何商业经验,在大学里也没有上过任何商业类课程。对我来说,幸运的是,我的父亲曾是莱斯大学(Rice University)的会计学教授,后来离开教职去经商,他最终成了一家公立医院管理公司 Lifemark 的首席执行官,直到 1984 年该公司被一家更大的公司收购。在我看来,毫无疑问,如果不是因为我父亲的指导,全食超市在创立之初就会失败。16 年中,我做任何重要的商业决定之前都会先征求他的意见。然而,在我 40 岁时,我已经准备好要结束与他的密切的导师关系,让自己来领导这家公司。这是一次艰难的分离,双方都很痛苦。然而,这最终被证明是一个三赢的解决方案——对我、对他、对全食超市都好。从年长而更有见识的领导者那里获得指导可以证明是一种宝贵的经验，但也需要有一个时间节点来脱离这种指导，完全依靠自己的力量成为领导者。

金宝汤公司（Campbell Soup Company）前首席执行官丹尼斯·莫里森（Denise Morrison）将她早期的成功归功于找到了合适的导师。20 世纪 80 年代，她在雀巢公司工作，她找到了公司首席执行官艾伦·麦克唐纳（Alan MacDonald），和他分享她每天都能听到的直接客户反馈。在帮助麦克唐纳与雀巢客户建立联系的同时，她还向麦克唐纳寻求如何才能脱颖而出的建议。培养这种导师关系最终使得麦克唐纳推荐莫里森升职，这改变了她的职业生涯。莫里森成为首席执行官后，她非常感激一路走来给予她帮助的导师，因此她定期与女性同事见面，帮助她们管理自己的职业生涯，从而"把接力棒传递出去"。她解释道："我启动坎贝尔营地项目（Camp Campbell）是为了指导下一代女性领导者和企业家，以激发领导力和促进创造性合作……每个人都需要导师和支持者来实现自己的目标，促进自己的职业发展。"[5]

管理绩效不佳者。不管我们招聘得多好、教练得多棒、在领导力发展上投入多少，每个团队都会有绩效不佳的人。问题是，我们该怎么做？

首先，提供清晰而坦诚的反馈是至关重要的。无论是当人们做得很好还是当他们受到挑战的时候，有了积极的反馈、表扬和欣赏，人们的表现会更好，所以这应该是重点；但如果我

第7章 发展团队

们不能同时给予必要的、坚定且有建设性的反馈，那么我们就会伤害到团队和成员。人们需要知道自己是否做得不够好，并接受指导，以便做得更好。兰德·斯塔根（Rand Stagen）说得好："如果你保留反馈，你就是在破坏他人成功的能力。"[6]许多领导者所犯的错误之一就是常常搁置这样的反馈，一边默默做出判断，一边避免进行一场可能令人不快的对话。通常，他们要等到内心的不满达到极限时才发脾气。

在给予明确的反馈之后，我们需要做的第二件事是给他们机会去纠正错误，帮助其学习和成长。在这种情况下，我们需要一些耐心，因为需要给人们一个机会以便于把我们讨论过的事情付诸行动。然而，尽管耐心是一种美德，但这种情况绝不能成为领导者拖延做出有关团队成员未来的艰难决定的借口。设定最后期限可能会有帮助，尽管这从来都不是一件容易的事，但不断发展我们的团队的一个因素就是要剔除那些绩效不佳、阻碍团队发展的人。

从团队中移除某人并不一定意味着从公司里解雇他们。根据绩效不佳的具体原因，可能还有其他选择。一个觉醒领导者会花时间找出哪里不对劲。通常，一个人绩效不佳是因为他被提升到一个完全超出他能力的职位。他在之前的职位上很成功，表现出众，这就是他被提拔的首要原因。仅仅因为团队成员晋升后不成功就解雇这些忠诚又努力的员工，这是一种可怕的浪费。更好的做法是让他们回到之前的位置或者转到一个不同的平行位置。给他们一个全新的机会在不同领导者手下重新开始，他们可能会活力再现。在我脑海中有一个故事，让我至今印象深刻。

早在 1988 年，我们在达拉斯的理查森开了第七家门店，当时由马克·迪克森担任店长。我们知道这个新市场对当时的公司来说会是一个挑战。理查森是一个富裕的郊区，但这里的人对天然或有机食品缺乏意识。这家店一开始销售相当惨淡，在我们所有店中业绩垫底，看起来这真是一个巨大的失误。马克真的很挣扎，我们给了他几年的时间来提高商店的销售额，但最终，他作为商店的团队领导者并不成功，成员的士气也很低落。经过两年的挫折之后，我们决定引入一位有新想法、精力充沛的新领导者。然而，我们并没有解雇马克，而是将其降职，回到了晋升前的职位。他以正确的态度接受了降职，那就是，"我知道我还没有准备好。我需要学习如何才能回到更高的一个层次"。他认真听取我们的反馈，并从失败中吸取教训。

接替马克的那个人干得非常出色，理查森商店开始以 25% 以上的销售速度连续十年增长，从公司的末位发展成为业绩最好的商店之一。

与此同时，马克采取了一切必要的措施来成长为一名领导者。他不仅再次成为商店团队的领导者，而且成为公司有史以来最好的领导者之一，并最终成功地领导了其他三家商店。短短几年内，他就被提拔为区域副总裁，并最终成为我们西南大区的总裁。马克在此岗位任职超过十年，在 2017 年退休之前，他是全食超市领导团队中一名非常有价值的成员。他于 2020 年入选全食超市名人堂，这在公司内部是一个非常难得且令人艳羡的荣誉。

当然，并不是每个故事都有这样美好的结局。不是每个人都有授受被降职的勇气和谦卑，并能从错误中学习，还可以在未来取得更大的成功。有时候，我们不仅需要从团队中撤换员工，还要撤换公司总部的员工。

艰难的人事决策是领导力不可避免的一部分。我们必须通过招聘、教练、发展团队成员以及淘汰那些不能达到高标准的人来不断进化团队。如果我们不愿意这样做，那么我们作为领导者的潜能可能就无法发挥出来。

那么，我们怎么让人离开呢？首先，这永远不应该是一个意外。如果有人对自己被解雇感到惊讶，那就说明领导的反馈工作做得糟糕。其次，它永远不应该突发（除非出现了某种违背诚信或道德的情况）。最后，做决定的时候应该报以同情和鼓励的态度面向未来。根据我的个人经验，大部分失败的人只要得到真诚的反馈一般都不会感到惊讶，他们知道它必然到来。他们很感激有这样的机会，我们也祝愿他们在下一份工作中一切顺利。希望我们还能继续做朋友可能有些不切实际，但这些年来，我解雇了一些人，但依然和他们关系融洽。Panera 创始人兼首席执行官罗恩·沙伊奇表示，多年来他都收到过被自己解雇的员工发来的感谢信。在当时可能很不容易，但事后他们能吸取前车之鉴，并因此变得更好。

建设社群。 人类在社群中茁壮成长。我们是群居动物，没有什么比健康的联结更能抚慰我们的灵魂了。在当今世界，无论好坏，我们所在的组织都是社群的很大一部分。所以，让我们尽力做到最好！当然，我们不可能在公司或非营利组织里满足人的每一种情感需求，但我们可以创建真正的社群。为了帮助同事之间创建更紧密的联系，有时我们需要跳出日常的工作环境。也许是一项户外活动、一个领导者静修营、一个异地聚会或者作为一个团队志愿者做社区服务，甚至只是花时间一起做饭和聚餐。远离工作场所，置身于外面的世界，例如，睡在同一家酒店、起床、一起吃早餐，然后徒步旅行，这都有助于编织社群的纽带。

布莱特·赫特（Brett Hurt）是一家快速增长的共益企业Data. World的创始人，他鼓励团队成员在公司内部形成兴趣小组，这些小组是自发创建的，无须官方许可，在公司内部被称为"部落"。Data. World的水上滑板部落在早晨上班前聚会，烹饪部落在午餐时聚会，而他们的瑜伽部落在下班后聚会。该公司被评为当地最适合工作的公司的原因之一就是他们的社群体验。

关于创建社群，你需要记住的最重要的一点是，它不需要许多的控制或努力。几千年来，人类一直在自然地这样做！只要提供适当的推动和机会，就会看到它自己生发。

觉醒领导力工具箱：人格类型

人类喜欢把事物分类，包括我们自己。我们对物理世界进行了非常详细的分类，从我们在地球上发现的每一个物种到夜空中的每一颗星星，我们也做了无数次的尝试来对世界上不太有形、更神秘的方面进行分类。这项努力的一个持久焦点就是描绘人类性格的各种表现形式。毕竟，

第7章 发展团队

人是不完全一样的。我们凭直觉就知道这一点，但对这么令人抓狂的事有什么办法吗？我们的个性差异是否属于一套截然不同的模式，就像我们的血型或种族构成一样？从古希腊开始，一些人类最聪明的头脑就建立了理论，认为人类的个性可以分为不同的类型。希波克拉底提出身体的四种"体液"对人格的形成有影响，亚里士多德和柏拉图都提出了自己的人格分类系统。

今天，人们对性格类型的迷恋仍在继续。许多商业领袖和顾问已经采用了现代性格类型系统作为他们组织发展工具箱的一部分。领导者知道，他们工作中最困难的部分往往是与不同性格的人打交道时的微妙平衡，弄清楚该如何激励人们、如何激发他们的创造力、如何帮助他们相处，以及如何防止或管理冲突，等等。在所有这些努力中，建立一个系统来理解人们有什么样的反应以及为什么会有如此不同的反应是很有帮助的。

你是内向的还是外向的？思维驱动还是感受驱动？集体导向还是个体导向？现代性格系统描绘了我们如何沟通、如何与他人和团队互动、如何领导、如何处理冲突，以及如何解决问题。这些并不是好与坏的价值判断或道德评估，而只是由于这些差异，我们可能需要不同类型的领导力才能发挥每个个体的全部潜力。如果把每个人都看成基本相同的，你就会蒙蔽你的组织，使其无视于人类丰富的多样性。

当涉及特定的性格类型系统时，它们往往既有用又存在问题。批评人士抱怨说，它们缺乏科学证据，比占星术好不了多少。的确，这些系统都没有明确的经验支持，有些还是从相当神秘的来源得出它们的分类依据。尽管如此，支持者坚持认为它们是非常有价值的，至少准确地描述了人类个性图景的一些特征。无论最终的结论是什么，许多公司已经采纳了支持者的观点，并已经开始使用它们。觉醒领导者应该意识到这一点，并欣赏它们所提供的东西，而不是纠结于这些理念。

国际心理类型协会主席琳达·贝伦斯（Linda Berens）说："类型学框架为我们提供了一种理解行为、深层动机、驱动力和才能等主题的语言。"[7]她解释说，它们可以帮助我们摆脱"像我一样"的偏见，即那种假设别人应该和我们用同一种方式与这个世界关联着的倾向。

迈尔斯-布里格斯类型指标（Myers-Briggs Type Indicator, MBTI）是最知名的人格类型，其他流行的系统包括Keirsey Temperament Sorter（KTS）、九型人格、大五人格特征、16个人格因素（16PF）等等。我们鼓励你去认识这些系统所传递的重要真相，而不是紧盯着固定的模型。理解不同的人格类型可以帮助领导人在任何特定的团队中认识、激励和聘用多元化的人才。最好的情况是，人格类型系统让领导者尊重人们生活基本方式的真正差异，但我们又必须记住，不要看得太重。正如贝伦斯所说，类型是"一种理解差异的语言，而不是文在额头上的标签"[8]。

第 8 章

定期让身心复原

"如果你把插头拔掉几分钟,几乎所有的东西都会重新恢复运作,包括你自己。"

——安妮拉·莫特(Anne Lamott)

在新千年的第一波浪潮中,作为世界上最优秀的投资家之一的斯坦利·德鲁肯米勒(Stanley Druckenmiller),完成了他一生中最伟大的一个交易。他精准地预测了 2000 年末与 2001 年初美国国债的走势将与常规的观点相反。他似乎能够看到经济形势的真相,于是逆市场趋势大量交易,并因此获得了巨额的回报。这一洞见让他大赚一笔。他坦承,这一切发生的原因很简单:自己度了一个假。

在完成这笔巨大且成功的交易之前,德鲁肯米勒已经离开华尔街四个月了。他抽身于金融新闻的喧嚣,让自己的身心和大脑都得到了休息，充分地放松和充电。当几个月后重返华尔街时，他忽然可以用全新的视角看待更大的图景，他的所见改变了他的一生。

"假如当时没休那个假，我永远不会下这个赌注，我至死不疑。"德鲁肯米勒在多年后的一次采访中回忆道，"这是因为我被释放了……头脑变得很清楚。"[1]在一个一切都取决于清晰思考和良好决策的行业里，一点点休息和放松就会让一切变得不同。

对于任何领域的领导者或专业工作者来说，休息、宁静、放松和恢复活力的力量永远都不应被低估。这种被动、安静的活动可能是活力和创造力的源泉，这一点似乎有悖直觉，但这正是关键所在。事实上，在激发生产力上，少有事情能比从无聊的杂乱中解脱出来更加有效，这些解脱之举可能意味着禅修、睡觉、长跑，或者只是在树林里散步。在那些相对平静的时刻，通常填满我们大脑的那些肤浅的担心，就像水从打翻的花瓶里流出一样，离开了我们的注意力。我们的精神感官中更深层的认知算法和更高层次的直觉就能在当下的问题上发挥自己的魔力。通常，这样的结果将是创造性洞察力带来的惊喜或是以正确方式给予的最新信念。

"问题从来就不是如何让有创意的新思想进入你的头脑，而是如何摆脱旧有的想法。"VISA 联合创始人迪·霍克（Dee Hock）写道，"清理出你大脑里的一个角落，创造力就会立刻填满它。"[2]

最近一项对美国打工人的调查显示，超过 60% 的人筋疲力尽，或者说感到压力山大。[3]据《哈佛商业评论》报道，工作倦怠每年在医疗保健支出中所占的比例在 1250 亿—1900 亿美元，它还导致了一些慢性疾病。[4]哈佛医学院针对高管进行的一项研究发现，高达 96% 的高管表示自己在某种程度上感到精疲力竭，其中 1/3 的人表示自己极度精疲力竭。[5]虽然我们可能会把自己的压力归咎于工作压力、职场文化、利益相关者的期待、资产负债表等，但现实是，每个人都在很大程度上可以调整自己的存在状态。是的，我们可能无法消除所有这些压力源，但我们能做不少的事情来提升自己的复原力。

通常，人群中自驱力最强的人总要遭遇一场危机，才能迫使自己暂停下来。杰伊·吉尔伯特是共益企业运动背后的梦想家之一，他分享了 2016 年底自己被诊断出患有非霍奇金淋巴瘤（Non-Hodgkins Lymphoma），这迫使他戏剧性地改变了生活节奏。虽然后来恢复了，但他还是努力不让自己忘记隐藏在那段困难插曲中的礼物。他说："当我花时间慢下来，无论是个人还是职业上，我总会得到更好的决策、更多的信任和更深入的人际关系。"[6]

理想情况下，觉醒领导者不应该等到健康恐慌或其他危机来临才迫使自己改变习惯。恢复活力的能力是我们所有人都能从生命之树上摘到的最低垂、最甜美的果实之一。找到深度投入与高质量抽离、活跃与平静、热情专注与平静超然之间的平衡是长期保持领导力的最重要技能之一。虽然我们每个人都有不同的"出厂设置"、不同的临界点和崩溃点，但没人不需要充电。几分钟、几小时、几天、几周，甚至几个月，每个人都需要时间和空间来适当地自我复原和自我振作。

那些做得好的人会为自己营造强大的身心优势，从而带来良好的生活质量。

谁是首席能量官？

就其核心而言，身心复原与能量有关，包括我们如何使用它、如何获得更多的能量、如何理解以及管理它。对于大多数领域的高效领导者来说，这些都是基本问题。如何让自己保持鲜活强劲的驱动力以满足现实对觉醒领导者的严格要求？这是托尼·施瓦茨（Tony Schwartz）在创立能量项目咨询公司（The Energy Project）时想要回应的主题。施瓦茨帮助许多世界上杰出的领导者更加纯熟巧妙地管理个人及团队的能量，从而实现可持续的高绩效。通往可持续发展与更高能量的道路不仅是一段个人的旅程。正如我们所知，真正的生命力是有感染力的。施瓦茨建议与他共事的领导者将自己视为组织的"首席能量官"（Chief Energy Officer）。

施瓦茨对人类能量的深入研究源于他对运动的热爱，尤其是网球。他注意到，在观看职业网球比赛时，最好的选手会刻意休息——不仅是在比赛或比赛之间，甚至是在得分之间。他们没有四处走动或击球，而是花一些时间完全静止或有意识地做深呼吸。当他和他当时的同事吉姆·勒尔（Jim Hoehr）研究这些冠军运动员时，他们发现了一个惊人的事实：有些人实际上只是在得分和比赛之间多保留了一点额外的能量，出众的能量管理能力使他们在长时间的高强度比赛中获得了优势，从而明显提高了自身的成绩。这些运动员学

213

到了一个远比网球场更重要的秘密——正如物理学家告诉我们的那样，如果能量是做功的能力，那么休息就是工作的一部分。这一见解使施瓦茨和勒尔意识到，个人能量不仅可以通过正确的技巧被保存，而且还可以被积极地扩展和倍增。这种令人兴奋的洞察力本身就充满了活力，正是在这种顿悟的基础上，施瓦茨创办了自己的企业。

随着世纪之交的到来，施瓦茨认识到，技术的稳步进步使得人们对时间的需求越来越多了，他们需要越来越多地关注和深入到生活的各个领域。面对这一挑战，他意识到，即便时间是一种有限的资源，我们个人的能量也能够有效扩展。但这样做，需要一种从根本上不同往常的能量（精力）管理方法。在施瓦茨看来，当前个人和组织的行为就像被设计成机器一样，持续稳定地运行，从不停歇。而施瓦茨的工作却揭示了一个截然不同的事实：人类的运作实际上是按照自然周期设计的，需要周期性地再生和更新我们的能量水平。换句话说，人不是计算机。我们有自然的能量峰值和低谷，如果否认这一事实，一定会导致严重的精力不足。我们需要在经年累月的循环过程中尊重自己的能量周期，哪怕是在一天的进程中，也要认可和欣赏我们自己的节律。

例如，以一个普通的工作日为例，施瓦茨的研究表明，人类的自然工作时间大约为90分钟。在那之后，我们需要精神上的休息——也许我们需要去散步或跑步、吃点零食、伸伸懒腰，或者在进入另一个工作周期之前，进行临时性的其他形式的身心恢复。同样，正是这样短暂却关键的休息时间，让网球运动员在比赛中保持最佳成绩，也让高管在一天中保持最佳的领导能力。想要真正做到更多，有时候我们必须在如何"做得更少"上表现更好。施瓦茨意识到，通常情况下，人们在一天内可以期待三次峰值状态的高强度工作循环，也就是一天内，我们处于高能量工作状态的总时长约为 4.5 小时。这并非说我们从不应该一天工作 8 小时，只是意味着，在这三个 90 分钟的高绩效时段之外，我们应该专注于不太需要脑力的任务。再次强调，这只是个一般性的经验法则，但它为我们提供了一个如何看待人类按照能量周期运作的方式，即能量集中消耗的周期，随后是更新和活力恢复的周期，从而可以改变我们管理日常活动的方式。这一经验法则让我们对自身的能量水平有了更强的自我觉察，并揭示了我们该如何遵循这一规律，而不是试图凌驾于它，或希望它不存在。有了这些见解，施瓦茨开始认识到，我们个人和组织的"工作能力"将可以显著提高。不久，"能量计划"就诞生了。

施瓦茨的公司确定并仔细分析了四种基本的个人能量：身体能量、情感能量、心理能量和精神能量。虽然这些不同形式的能量是密切相关的，但它们也是不同的，提升每种类型的能量都需要一套特定的做法。施瓦茨的模型为管理和培育个人与团队的能量提供了一个强大的整体视角。让我们简单地看看他的研究中几种能量的关键区别。

- **身体能量**需要通过充足的睡眠、健康的营养和有规律的锻炼不断地得到更新和补充。我们完全同意施瓦茨对这些基本但经常被忽视的身体健康组成部分的强调，我们将在后面更深入地讨论它们。

- **情绪能量**(在施瓦茨的模型中) 指的是我们能量的质量。他解释说,学会更多地控制我们的情绪,将提高我们在面对任何挑战时保持积极和适应性的能力。领导者的位置有时会让人感到挫败,我们不可避免地会遇到因为某种原因导致的情绪能量的低落。因此,学习如何释放掉一天中不可避免的消极情绪,是个人能量练习的另一个重要方面。

- **心理能量**是包括好奇心、创造力和细节记忆力在内的许多领导力都需要的。但在领导力的所有要求中,专注力(即长时间保持注意力的能力) 是最消耗脑力的领导技能。专注力就像肌肉一样,所以必须有规律地"锻炼"它,以保持它的强壮和灵活。同样重要的是,必须使用上面提到的90分钟循环法,给它时间来恢复和更新。

- **精神能量**(在施瓦茨的模型中) 是指有关意义和使命的能量:灵感和活力的涌动来源于一个人的日常活动与自身的核心价值观一致,同时你知道自己正在给人们的生活带来有意义的改变。毋庸置疑,精神能量来源于真实的更高使命的精神性激励力量。为了获得这种能量,施瓦茨建议人们无论是在工作中还是在生活的其他领域,首先要明确自己的优先事项,有意识地把时间用在真正重要的事情上。

情绪复原练习：释放消极情绪

定期检查一下自己，注意自己的感受。如果消极情绪占主导地位，试试托尼·施瓦茨的四步法：1）深呼吸，让你的生理机能平静下来，感觉你的双脚与地面的接触，将你的觉知集中到身体上。2）然后，回想一下令你不满的具体情况。区分哪些是事实，哪些是你添加进去的故事。3）如果有其他人卷入了你的挫败感，花点时间从你的故事中抽身出来，换位想象同样的情况。从这些人的角度来看，这些情况看起来或感觉是怎样的呢？4）在脑海中改写你心中的故事。问你自己，关于这些事实，是否还有更乐观的说法。通过努力发现那些驱动消极情绪的恐惧、盲点和偏见，你可以学会保持积极情绪的"内在游戏"。正能量是会传染的，所以记得微笑，保持愉悦（至少不要暴躁）。

在那些不可避免的时候，当你变得愤怒或气馁时，确认你作为首席能量官的角色，并试着把这些负面情绪留在自己那里。那些真正的挫败或消极经验的发生可能是你无法控制的，你能做的就是与生活中遭遇到的各种情况保持积极的关系。

觉醒领导力

重新审视睡眠

吸气与呼气、白昼与黑夜、活动与被动，作为人类，我们是有节律和循环的生物，而最基本的循环是入睡和醒来的昼夜节律。这就是为什么深度复原的基础是从睡眠开始的。毫无疑问，很多人都被告知或读到过我们应该多睡觉。但通常情况下，这些话并没有多大作用，它们只是左耳进右耳出，部分原因是我们没有直接体验到这种必要性。当然，我们早上可能很难把自己从床上拽起来，午饭后又发现自己打起盹来，但我们夜间睡眠不足似乎并不总是立即产生代价。睡眠是很普遍的，是的，我们都需要睡眠，但对于一个高强度工作的领导者来说，当面对无休止的高风险决策和待办事项清单时，你就会倾向于用尽可能少的睡眠来做到最好，然后告诉自己以后会补上的。

那不是好主意。我们发现睡眠并不是这样运作的。近年来，研究发现了一些宝贵的新洞见，揭示了我们为什么睡觉以及睡眠如何影响我们的大脑和身体。虽然还有很多我们所不知道的，但基本信息是相当明确的。我们绝对需要持续的良好睡眠，而没有好的睡眠会从根本上伤害自己，而科学才刚刚开始测量这种伤害。事实上，如果没有充足的睡眠，想要成为一个觉醒领导者，就像试图在防守队员受伤的情况下赢下橄榄球比赛一样不可能。这让其他事情也变得更加困难。我们可能偶尔会触地得分，但谁敢保证会赢呢？

加州大学伯克利分校脑神经科学教授马修·沃克（Matthew Walker）在他的新书《我们为什么要睡觉》（*Why We Sleep*）中

第 8 章　定期让身心复原

提出了一个惊人的观点:"一晚上较差的睡眠造成的身体与精神损伤远远超过由于缺乏食物或锻炼造成的损伤,在各种不同层面的分析中,都难以想象可以通过其他任何方式(自然或医学手段)为身心健康提供更加强有力的补救。"[7]如果这还说得不够明确,他接着指出,"睡眠是我们每天能做的最有效的一件事,用来重置我们的大脑和身体健康。"[8]

每天睡七到九小时,这是专家们的建议。如果你属于"我只需要睡五六个小时"的群体,考虑一下这组有趣的统计数据:《哈佛商业评论》最近对3.5万名领导者进行了分析,发现一个人在公司的级别越高,每晚的睡眠时间就越长。[9]当然,人们可以将其理解为:一旦人们在领导岗位上达到更高的位置,就可以不再通宵工作,开始能睡个好觉。但这并不是研究人员的结论,他们怀疑,这些高管能取得更高的业绩,部分原因可能是他们有健康睡眠习惯的支持。无论如何,睡眠的益处都不应被低估。研究不断证实它对于各种关键领导力技能的显著影响,比如解决问题、记忆力和注意力质量。而缺乏充足、持续的睡眠则会对所有人发出危险信号。它与免疫功能抑制、高血压、心脏病与中风等慢性疾病以及痴呆、阿尔茨海默病等几种脑退行性疾病有关。[10]

换句话说,工作狂首席执行官一边喝着三倍浓缩的咖啡,一边吹嘘自己只需要很少睡眠的日子,这样的谬见应该被扔进"坏主意"的垃圾箱了。最高水准的领导力总是关于质量,而不是数量,为此,我们需要让自身处于健康、休息、专注、充满活力的最佳状态。

觉醒领导力

揭秘"营养"

在法语中，食物的意思是"滋养"(nourriture)，它和"营养"的英语单词 nutrition 来自同一个词根。然而，我们经常会忘记食物在最基本的层面上应该是对人真正有滋养的。不幸的是，我们越繁忙，生活就越混乱，而我们似乎也就越来越将自己带离这个基本事实。我们选择快速简单的食物，而不是健康和令人满足的食物。我们可能暂时不会注意到这种影响。但可持续的领导力意味着照顾好我们的身体，而食物营养则是关键的一环。

在全食超市，我们总是认为健康的饮食是抵御疾病、倦怠、疲劳或许多其他身体问题的第一道防线，这些问题会让团队成员不开心，并导致糟糕的表现。这就是我们鼓励健康行为的原因，例如当团队成员达到特定的健康指标并采取良好的健康习惯（如不吸烟）时，我们会提供店内食品购买的折扣。我们还提供免费的全面沉浸式健康体验，帮助我们最不健康的团队成员恢复健康，并学习如何养成更好的习惯。这些都是多赢的项目，既有利于公司，又能帮助我们的团队成员，还可以支持我们门店所在的社区。在领导公司的几十年里，我满怀自豪和感激地看着成千上万的人通过这些项目获得的洞见改变了他们自身的健康状况。从慢性疾病与身体恶化转变为真正的营养和健康，很少有事情能如此改变我们日常的生活和工作经历。

永远不要忘记那些能产生深远影响的简单选择，但在这样一个热衷于利用科技获得健康保证的世界里，这可能会更加困

第8章 定期让身心复原

难。这一点在"生物黑客兄弟"和 technorati 博客搜索等网站上就可以感受到。他们的心思大都聚集在性能表现上：如何达到最佳效果？怎样提升我的能量水平？我怎样才能"黑进"我的生理系统来获取更好的结果？哪些物质、补充剂、练习、食物、饮料、锻炼或技术能让我进入更高的心流状态和自我掌握？从戴夫·阿斯普雷（Dave Asprey）的《防弹高管》（*Bulletproof Executive*）到蒂姆·费里斯（Tim Ferris）的《巨人的工具》（*Tools for Titans*），在当今高科技的工作文化中，我们都在寻找可证明自己的能力绩效优势。使用最新最好的实验、App、补充剂或可穿戴式生物反馈设备来最大化你的领导魅力，这当然没什么错，前提是只要你记住至少两个关于身心健康的基本要点。

首先，尽管成千上万的人依赖于那些最新的强调"最佳表现"的播客，听信他们的见解，但每天还是有数千万人患上糖尿病、心脏病和其他慢性疾病。不幸的是，其中也包括世界上许多公司的领导者，他们本来可以做出更多的贡献，但他们的影响力却被日益衰弱的身体状况所削弱。这些都是缓慢发展的瘟疫，我们需要继续认识到，要推动这个国家和其他地区的大多数人作出更好的健康选择，还有很多工作要做。作为一个领导者，你会发现自己处在一个可以改变世界的位置上。如果这涉及探索最佳表现的前沿技术，固然不错。但它也可能包括那些能帮助你自己和他人实现基本健康甚至挽救生命的选择。这就引出了关于健康的第二点，或许也是最重要的一点：有时候，最好的建议并不一定是最新的、最时髦的或最性感的。

作家兼诗人安德烈·科德雷斯库（Andrei Codrescu）曾极

221

富洞察力地将美国文化描述为"不间断的风尚专辑,它们在越来越短的时间跨度内越来越快地相互追逐"[11]。在饮食方面,这一点或许是最正确的。南海滩、低碳水化合物、ZONE、无麸质、血型、血糖、纯素食、旧石器饮食、低血糖、DASH、PE-GAN 和生酮饮食是近年来流行的几种饮食风潮。但是,在努力从根本上改善饮食习惯的同时,我们永远不要忘记,基本的健康饮食模式并不是什么巨大的谜团,需要畅销书作家的善意努力才能解开。专家们对饮食与健康并非了如指掌,但他们也不是在黑暗中摸索。正如耶鲁大学的内科医生、美国一流的饮食健康专家大卫·卡茨(David Katz)所写的,"我们绝对不是对人类的基本照护和饮食一无所知……基本生活方式的配方(包括饮食)有助于延长我们的寿命,这一点是明确的,是科学、理性和全球共识的产物。的确如此。当然,你可以对此感到困惑,但我建议你不要这样做。你会拖延和错过一些重要的东西,因为健康的人会拥有更多的乐趣。"[12]

这个配方是什么?迈克尔·波伦(Michael Pollan)在他著名的经过仔细研究的饮食智慧中说得最简单:"吃好,不要吃太多,多吃植物。"[13]本书的每一位作者都强烈赞同这个建议,虽然这不是一本关于饮食的书,但我们还是想多解释一下波伦的建议:吃真正的食物,尽可能多吃天然有机食品;多吃全谷类、豆类、蔬菜、绿叶菜、水果、坚果和种子;控制动物制品、精制糖、精制谷物和加工食品的摄入量。如果你遵循了这些指南,无论细节有什么不同,健康将会长期陪伴你。还不相信吗?想想看,这种基本的饮食模式在世界上每一个"蓝色区域"都能

第 8 章　定期让身心复原

找到，这些可是地球上人类最长寿的地区。[14]

说到蓝色区域，那里的人都在做的另一件事就是活动。活动不仅对身心健康有益，而且对情感、心理和精神的活力也至关重要。这并不是说你必须每周七天在健身房里练举重，或者进行超级马拉松的训练，但它确实意味着你要花时间弄清楚什么才是真正让你在身体上充满活力的东西。是跳舞、瑜伽、散步、跑步还是骑车？是像骑山地自行车或徒步旅行那样享受大自然的乐趣吗？是竞争的刺激，就像网球比赛或篮球比赛？是因为力量训练的强度还是因为动感单车课的汗水？是在跑步或铁人三项等耐力运动中突破极限的满足感吗？是高尔夫球场令人沉醉的美景吗？或者只是在附近多走走，与朋友和当地社区里的人联络一下？体育锻炼有很多种形式，要想让它长期持续下去，最重要的或许就是弄清楚是什么激发了你从沙发上站起来，开始活动。

别只做事，请坐

如果我们告诉你有一条被低估的捷径可以让人获得更好的领导力，你会怎么想？那是一种强有力的技巧，每天只需要几分钟，任何人都可以做，并且已经被证明能帮你成为一个更专注、更有创造力、更有能力的领导者。作为回馈，这种特别的活动对健康也有非常多的好处，比如改善失眠、改善慢性疼痛和降低血压。最后，我们想列举一些热衷于此的名人，比如福特汽车的董事会主席比尔·福特（Bill Ford）、Salesforce 的首席执行官马克·贝尼奥夫（Marc Benioff）、推特的首席执行官杰克·多西（Jack Dorsey）、领英的首席执行官杰夫·韦纳（Jeff Weiner）、桥水公司的创始人瑞·达利欧、拉什娱乐的首席执行官罗素·西蒙斯（Russell Simons），甚至还有赢得超级碗的西雅图海鹰队。

欢迎来到古老而又非常现代的禅修练习！几千年来，它一直是僧侣和神秘主义者的缪斯女神。50年前的西方，这也是求索佛教、印度教和东方哲学实践的嬉皮士和探索者的领地。在短短几十年间，它从反主流文化的代表发展到了进入企业，事实上，几乎已经遍及世界各地。为什么不呢？类似于睡眠，很少有活动能提供同等程度的放松和充电。入睡可以放松身体、清空日常生活的碎片，让我们醒来时焕然一新，禅修（Meditation，也译为冥想）也同样可以摆脱和抛弃习惯性的心理活动，让更深层的注意力和意图浮现出来。然而，睡眠时我们进入了无意识状态，而禅修则保持额外清醒的意识。

禅修在"存在"的层面上提供了一种难以预测与量化的精神恢复的方式，它给不断行动的生活带来了平衡。在一段时间内，我们可以从忙碌喧嚣的头脑世界中抽身而出，进入更深层次的镇定和静默。在高强度的生活和工作中，我们把许多人狂热追随的"忙碌崇拜"放在一边；并记住，在任何日子里，不管我们心理状态如何，内在总会有一点空间让我们安住下来。

应该注意的是，"禅修"这个概念很宽泛，在它的大旗下存在各种各样的练习与技巧。世界上所有伟大的智慧传承都在这个主题上有不同的方法，当代大多数的灵性流派也是如此，还有许多其他类型的灵性实践、祈祷和宗教仪式也能提供类似的好处。也许你已经发现了与自己相应的练习，从而让灵性得以更新和成长。

广义地说，禅修练习分为两种：一种强调专注，另一种强调放下。尝试一下，看看哪种对你有效。两者都可以是非常有效并帮助我们复原的。

禅修练习：专注

专注练习包括一个需要聚焦的对象。例如，在持咒练习里，你把注意力放在一组特定的单词上（例如特定的梵语单词），然后深深地专注于此，暂时从所有其他的内心活动中退出来。有时它不是咒语，而是一种肯定，也就是一句我们一遍又一遍地重复念诵的积极性陈述，将其深深地印在我们的意识之中。还有一种特别的祈祷者，他们专注的念诵会带来一种深刻的精神焕新的感觉。有时，注意力不是集中在词语上，而是简单地专注于呼吸，仔细地跟随自己有节奏的呼吸，吸入和呼出。专注练习在聚焦和释放精神能量方面的作用非常强大，但是它们的具体形式将取决于你自己的灵性偏好。

禅修练习：放下

聚焦于"放下"的练习就是这样，它极其简单，但却是出了名的难。你能静坐二三十分钟，甚至一小时，把注意力从忙碌的、嗡嗡作响的内心活动中移开吗？你能在保持警觉的同时，放下整个思维活动，让自己沉入"存在"的更深层次里吗？"放下"的禅修练习意味着不要执着于任何浮现在你内心的思想流或情绪。当成千上万的"思想泡泡"在你的内在宇宙中来来去去，简单的或瑰丽的，有着无穷无尽的形式，在心灵的无限空间里升起又消逝，你能把它们全部放下吗？想象你的大脑就像一个电脑屏幕，标题跳出来引起你的注意、弹出窗口突然侵入你的视野、通知的出现和消失、日历提醒，你能让一切顺其自然，抵制点击任何东西的诱惑吗？如果你真的发现自己已经迷失在念头的洪流中，你只需放手，回到一种不执着和临在的状态。

除了禅修带来的种种好处，还必须说明练习中的一个要点。你不能总是在一种正念或禅修练习与某个特定的结果之间画出一条直接的因果线。事情并非如此，路径可能有所不同。禅修需要你单纯地去练习，得把想要立即量化结果的愿望放在一边，即使你知道它很可能会有结果。这涉及一定程度地放下控制，放下衡量每一项活动的投资回报率的倾向。这对许多领导者来说是一个挑战，他们的成功在一定程度上归功于这种习惯倾向。事实上，许多形式的禅修的一个重要部分就是放下对任何特定结果的期待。

从事禅修当然没有什么问题，因为它会带来更多平淡而实在的好处。但是，带着某种程度的对于禅修历史和重要性的谦卑和尊重来接近禅修体验会是比较明智的。禅修可以让你接触到更深层的自我，这恰恰是在灵性与宗教体验或者致幻剂的影响下很少能够接触到的。20 世纪的印度圣人尼萨迦达塔·马哈拉吉（Nisargadatta Maharaj）解释说："禅修的主要目的是让我们变得更加觉察和熟悉自己的内心生活。"[15]接触这些更深的内在层次可以带来更多的自我认知、信心和灵感，这是一个巨大的积极效应。但是，探究深层意识从来不是一个完全受控的实验。

暂时放下使命

身心复原有多种形式。有时它需要一个远离一切的假期，一片湖泊、一片海滩、一个山顶、一处美丽的风景，或在树林里散步，或待在荒野里的小屋中。有时还包括一个豪华的静修地或 SPA，在那里你可以尽情享受。我们都有自己喜欢的小长假或较长的假期方式，可以帮助自己恢复身体和心灵的活力。它们可能包括休息与放松、旅行与新的体验、运动与身体挑战、朋友和家人等，或者以上的一切。假期之所以令人神清气爽，是因为它让我们摆脱了生活中那些有计划、有目的、以任务为导向的日常事务。但也有一些更方便的自我充电的方法。对于将使命放在首位并想要影响世界的觉醒领导者来说，腾出时间把使命放在一边，纯粹只是做一些自己喜欢的事情也是很重要的。当今世界，似乎每件事都必须有节奏和理由，我们很容易忘记由于追随自然的兴趣和激情，从而在意想不到的方向上产生的纯粹的喜悦。爱好、好奇心、游戏、运动、休闲、审美追求、艺术、手工艺，这些方向除了能极大地满足自我之外，可能没有特别的目的。它们可能只是美好的时间浪费，但这些时光却可以对我们的心理和生理产生积极的影响。研究表明，实际上，健康状况和兴趣爱好之间存在着联系。所有花在捣鼓东西、尝试新鲜或阅读上的时间都为大脑提供了保护。研究人员发现，有爱好的人在以后的生活中患痴呆症的概率更小，身体功能更强。其他人则发现了更直接的好处，例如，认为培养更多兴趣爱好的科学家往往在事业中也更成功。

事实上，兴趣广泛本身就是思维敏捷、富有创造力和洞察力的标志。史蒂文·约翰逊（Steven Johnson）在他的《好点子从何而来》(Where Good Ideas Come from) 一书中写道："像富兰克林、斯诺和达尔文这样的传奇革新者都拥有一些共同的智力特质，比如思维敏捷和无限的好奇心，但他们还有另一个共同的特点，那就是他们有很多的爱好。"[16]另一个例子是我们这个时代的伟大创新者比尔·盖茨，他喜欢广泛阅读不同领域的书，每年都会抽出一周时间远离一切，并指定这一周为自己"思考周"。在那些相对隐居的日子里，他读书、独处，追求自己的兴趣，而不用去回应日常生活的要求。一些重要的洞见、战略方向，甚至微软产品的创新想法，往往都是从这一周安静、专注和自由的静思中涌现出来的。

其实并不需要社会科学或逸事传闻来说服我们，因为这些在我们自己的经验中就能体会到。不是每个人都像盖茨一样适合安排一个阅读思考的假期，也不是每个人都愿意和查尔斯·达尔文一样去认真地玩西洋双陆棋，你也不一定想要掌握贝多芬的钢琴协奏曲或学编篮子的艺术。但无论你的激情或好奇心是什么，无论它看起来是多么微不足道或漫无目的，你都要有勇气去追随，它本身就是目的。抵制住把每一个爱好都变成副业的诱惑。它可能不会沿着一条直线通向任何特定的目的地，但在这个蜿蜒曲折的旅程中，觉醒领导者很可能会发现意想不到的视角、不期而至的洞察力以及精神复原的喜悦。

身心复原练习：接地气

有时候，正是那些简单的事情让我们每一天变得如此不同。例如，若你的工作主要靠脑力，那么一个基本的活动可能是用你的双手来工作，无论是园艺、烹饪、建造些东西，甚至打扫卫生，都可以。全食超市前联席首席执行官沃尔特·罗布（Walter Robb）说过，当他需要休息一下、摆脱繁重工作的时候，他就会到店里帮忙给食品杂货打包一小时。这样的休息可以重置大脑和神经系统，使我们一天的工作状态变得很不一样。对许多人来说，与动物互动也能产生同样的效果。撸猫、遛狗，你的神经系统就会放松下来。因此，当你需要重置和恢复活力时，想办法去做些接地气的事情。

在大自然中充电

你有没有注意到,当在大自然中待了一段时间之后,感觉自己是多么不同?让自己沉浸在大自然中,无论是去公园、在花园里种花、从事水上运动,还是长时间凝视天空,都是给自己的身体、头脑、情感和精神充电、恢复活力非常有效的方式。你可以在荒野徒步旅行、探访人迹罕至的海滨、站在山顶远眺,或漫步于森林之中。"大自然的宁静会流向你,"[17]正如约翰·缪尔(John Muir)所说的那样。

当你与大自然互动时,试着做更多的事情,而不仅仅是简单地散步或观赏风景。运用你所有的感官,一定要触摸东西,用手触摸树皮,触摸露出地面的光滑的石头,当你停下来休息时,脱下鞋子,光着脚触碰地面;留意到微风吹拂过脸颊,聆听鸟儿的歌唱,俯下身去闻闻花朵的芳香、刚割下的青草的味道或者森林地面上的浓郁气味;留意植物精致的几何形状和花朵的对称,听水流的旋律,观赏光与影的变幻。

我们本能地知道花时间在户外的感觉很好。事实证明,与大自然互动可以改善你的健康并增加幸福感。《自然修复》(The Nature Fix)一书的作者弗洛伦斯·威廉姆斯(Florence Williams)写道:"科学证明我们直觉上一直知道的事情:大自然对人类的大脑有好处,它让我们更健康、更快乐、更聪明。"[18]

觉醒领导力工具箱：
数字禁食

在这个数字时代，"不插电"可能比以往任何时候都重要，因为我们太沉迷其中了。有了智能手机、社交媒体，以及似乎遍布的互联网与手机接入，我们很难找到一分一秒或一平方英寸的土地不被信息、交流以及随之而来的分心所困扰。今天，任何一位领导者都能敏锐地意识到，注意力是他最宝贵的资产之一。所以，我们必须仔细考虑自身与电子设备的关系，以及将我们彼此相连的数字世界的关系。尽管数字革命给我们个人和整个社会带来了巨大的好处，但它也让很多人上瘾，不是对某种物质上瘾，而是对永远在线和永远连接的需要上瘾。根据尼尔森（Nielsen）、皮尤研究中心（Pew Research Center）和智能洞察（Smart Insights）2018年的几项研究，人们平均每天花在手机上的时间为4小时！

"屏幕时间"的增加对我们的沟通能力、认知能力和心理健康等方面都产生了重大的影响。例如，微软在加拿大的一项研究发现，自2000年以来，人类的平均注意力持续时间已从12秒减少到8秒。[19]更重要的是，这种注意力带宽的减少阻碍了我们的专注力和决策力。《消费者研究杂志》2017年的一项研究发现，即使智能手机处于关机状态，它的存在也会占用大量注意力，并降低我们的认知能力。[20]

  科技不会突然消失，所以作为领导者，我们面临着一个关键问题：如何才能与这些无处不在的电子设备建立一种更有意识的关系？无论是觉察每天或每周花在屏幕上的时间，还是花点时间定期不插电来一次"数字禁食"，有很多方法可以用来重新审视信息革命的不成文规则——始终在线。当然，互联网本身并没什么错，但我们每个人都必须考虑如何与数字世界建立一种更合理的关系，这样它们就不会暗中对我们拥有过多的权力。包括作者在内的一些领导者，会通过在手机信号有限的荒野中度过较长的一段时间来进行数字禁食。在阿巴拉契亚山径或太平洋山脊径徒步旅行给了我们所需要的喘息机会。如果你担任了重要的领导角色，面临着相当大的压力和紧急决策，这是一个远离喧嚣、更新自我的重要方式。大数据初创公司GY-ANA的首席执行官约耶塔·达斯（Joyeeta Das）每年都会确保自己进行两次长时间的"数字排毒"，一次是止语静修，另一次是深海潜水。她说："这就是我在宇宙中任由水与信仰滋养的地方，而这每次都能为我赋能充电。"[21]

  当然，"突然断瘾"的排毒方法并不适合每个人。有很多方法可以减少上瘾，甚至你在正常工作的时候。Tommy John服装公司的首席执行官汤姆·帕特森（Tom Patterson）只在上班前后查看电子邮件，在白天工作的几小时内戒掉。《赫芬顿邮报》的创办人阿里安娜·赫芬顿（Arianna Huffington）晚上睡觉时会把手机放在卧室外面，避免让查看手机成为早上醒来做的第一件事情。

　　有效的数字禁食策略的关键并不在于具体的形式，而在于尽快行动。只要你愿意直面自己的数字瘾，愿意与永远在线的信息革命建立一种更有意识、更深思熟虑的关系，这就是把你宝贵的注意力从技术上瘾的控制中解放出来的第一步。

第 9 章

终身学习与成长

> 存在即改变，改变即成熟，成熟即不断地创造自己。
>
> ——亨利·柏格森（Henri Bergson）

　　1716年的波士顿，一个十岁的男孩被迫中断学业，将到家族企业中全职工作。他在学校只读了两年，就表现出很大的潜力，但他的父亲只是一个肥皂和蜡烛制造商，再也负担不起17个孩子中第15个孩子的奢侈学费了。就这样，这个男孩被送往哥哥的印刷厂当学徒。你可能会认为这个年轻人受教育的机会就这样终止了，如同许多同龄人一样，他会成为一名有着基本的阅读、写作和算术技能的本分的商人。但恰恰相反，在他年轻的头脑中，一种不同寻常的学习热情已经被唤醒了，他把挣来的每一分钱都用来买书，甚至为了买新书而放弃吃饭。通过严谨的学习和实践，他自学了撰写短文和论文。尽管他的正规教育还不到两年,这个年轻人长大后却成为美国历史上最著名的博学家之一。他的名字叫本杰明·富兰克林(Benjamin Franklin)。

作为历史上最伟大的觉醒领导者之一,富兰克林为我们提供了一个通过不断的终身学习和自我完善可以达到什么成就的绝佳范例。大多数读者都熟悉他的杰出成就:美国的"开国之父"、开创性的科学家和发明家、卓有成就的外交家、成功的商人、鼓舞人心的作家和名副其实的文艺复兴人士。富兰克林一生都在努力发展自己的知识、写作技巧、领导能力和个人品质,从而取得了一系列非凡的成就。

1726年,就在他20岁的时候,富兰克林制定了一套发誓要遵守的13种美德的体系,为自我完善奠定了基础。他有条不紊地记录了自己在这些美德方面的个人进步,努力加强清单上的每一项美德,然后再进行到下一项美德。富兰克林还与当地社区分享了自己关于自我提升的热情,他在同辈中成立了一个互助提高俱乐部,每周聚会一次,分享知识,讨论时事。

富兰克林在自我提升方面的开创性工作帮助他的领导能力稳步增长。终其一生,他都在不断打破旧的(自我)形式,成长为更扩展的自我。他先是成为一个商人和作家,然后成为一个科学家和哲学家,最后成为一个伟大国家的革命性缔造者。

富兰克林一生中关于个人进步的最重要的一课就是自我批评和注重日积月累的进步。在评论他所遇到的困难时,富兰克林写道,他"惊讶地发现自己的缺点比我想象的要多得多"[1]。但他通过努力做出微小的边缘性的改进逐渐克服了自己的缺点,这在他的一生中不断累积,由此造就了一位我们至今仍感激不尽的伟大领袖。他从一个没受过教育、不知名的学徒到一个不可思议的天才的不断成长的旅程提醒我们，人的性格中往往蕴藏着未被发现的潜力，等待着正确的意图、心态、承诺和精神而被释放。

觉醒领导力的实质是愿意追随像富兰克林这样的人的脚步，并踏上永不停止学习和成长的旅程。在人的一生中，总会有那么一段时间，我们需要面对自己的局限性，并认识到作为个体想要进一步发展还取决于我们自己的意愿、努力和投入。一种普遍的创造精神可能已经深入并触及我们的灵魂，良好的基因可能佑护了我们的身体和心智，父母可能已经以极大的智慧和仁慈把我们抚养成人，可是那些工作已经完成。从现在开始，我们要走多远，要成为什么样的人，全靠我们自己。

学习与成长的练习：
成立一个有助于相互提高的俱乐部

保持激励和动力去学习和成长的最好方法之一就是花时间和同样在学习和成长的人在一起。向富兰克林学习，和朋友或同事建立一个相互提高的俱乐部。这样的同伴支持团体，有时被自助传奇人物拿破仑·希尔（Napoleon Hill）称为"参谋小组"，它对于在此旅程中获取有用的反馈、工具和鼓励可能是无价的。

第9章 终身学习与成长

成年人还能成长吗？

学习、成长、发展。直到最近，这些观念更多的是与儿童而非成人联系在一起。任何父母都会告诉你，孩子每年甚至每个月的变化是相当惊人的。无论是生理上、心理上、情感上还是社交上，孩子都处于一种不断发展的状态，其中的大部分都可以被善于观察的眼睛看到。然而，也许是因为成人的发展不如儿童的发展那么明显，生物学家和心理学家过去都认为，一个人"成年"后就不会有太大改变。现在，这种观点正在受到来自心理学领域本身的挑战。在过去的几十年里，一个被称为发展心理学的运动日益兴起，它已经开始认识并阐明一个事实，即成年人也可以且确实会随着年龄的增长而发展。

这对你来说可能是显而易见的。也许你已经参与了一些有助于个人成长的工作，也许你的公司鼓励终身学习，或者你参加过成人教育课程。一些人力资源部门被更名为"人才发展"，并提供一整套提高硬技能和软技能的机会。但我们有必要停下来思考一下，至少从科学的角度来看，"成人发展"这个概念仍然很新，还没有被很好地理解。哈佛发展心理学家罗伯特·凯根（Robert Kegan）说："在我自己的领域里，最大的荣耀是认识到：这些性质上更为复杂的心理、心智和精神（灵性）的景观在我们生命的头二十年之后等待着我们，召唤着我们。"[2]

当然，尽管心理学最近才将成人发展作为一个值得研究的领域，但早在马可·奥勒留（Marcus Aurelius）写下他的《沉思录》（*Meditations*），亚里士多德在他的学堂教书，或者孔子劝诫早期中国文化接受自我完善的智慧之前，人类就一直在努力改善自己。在更近的时期，美国自身也孕育了一些影响广泛的文化运动，鼓励公民投入并致力于自身的发展，如19世纪末的乔陶夸运动、六七十年代的超验主义者和人类潜能运动等。现代科学、心理学、神经科学和自助理念为这一对话添加了重要的新元素，但对成长和成熟的呼唤还是古老的，包含了过多的哲学、灵性和宗教的做法。作为领导者，我们希望追随历史上令人鼓舞的学习者和成长者的脚步，而我们已经站在巨人的肩膀之上，拥有了独特的优势。试想一下，如果富兰克林能够拥有我们触手可及的信息财富的哪怕一小部分，他会做出什么。

在漫长的学习与成长的道路上，有一件事是确定的：我们不可避免地会有脚下打滑摔跤、感到迷失、漂泊不定和被扔进陌生领域的时候。暂时的不安全感是改变发生的情感代价，但回报是丰厚的。在这条人迹罕至的道路的另一头，我们将得到新生和重塑，我们遇到了最好的自己。在那些开放的、不受限制的领域里，存在着成熟、智慧和领导力的可能性，而这些都是我们现在很难想象的。

终身学习带来的解放

作为一个成年人，学习、成长和发展意味着什么？"学习"也许是这些概念中最简单的一个，尽管科学现在发现它比表面看到的要复杂得多。简单地说，学习就是获得新的信息和技能。当然，这包括职业发展，跟上你所工作的领域的技术、职业和信息的变化。这样的追求对于能跟上某一领域的前沿发展相当

第9章 终身学习与成长

重要,但一个觉醒领导者不会将自己的学习局限于工作或行业的即时需求。许多伟大的领导者都是如饥似渴的学习者,在看似与他们无关的领域广泛地阅读和研究。他们阅读文学、历史、科幻小说、传记、漫画、哲学等。有句话说得好(常被认为出自哈里·杜鲁门):"不是所有读者都是领导者,但所有的领导者都是读者。"传奇投资者、伯克希尔·哈撒韦公司(Berkshire Hathaway)董事长查理·芒格(Charlie Munger)说得更直截了当:"在我的一生中,我认识的所有涉及广泛主题领域的智者,没有一个不是一直在读书的,一个也没有。"[3]

每一天醒来都是一个机会,不仅要为我们将完成的事情感到兴奋,也要为将学到的东西感到兴奋。虽然学习的结果很明显的是带来知识、专长或熟练程度的提高,但也有其他不太明显的效果。多亏神经科学的突破,我们现在知道大脑是可塑的,也就是说,在人类的整个生命周期中它都是可变的,并不是我们一旦成年,它就简单地停止发展了。事实上,科学家已经证明,即使是70多岁的人也能产生全新的神经元。是什么改变了大脑?其中一个主要因素是你的精神活动,或者相反,缺乏精神活动。当你将注意力集中在一个主题上,学习一项新技能、使用一种新语言或者解决智力难题时,你的大脑会在物理和化学水平上发生变化。这有深远的意义,我们不仅仅是作为人在成长,我们的脑灰质也在增长。正如神经可塑性领域的权威专家之一迈克尔·梅策尼奇(Michael Merzenich)博士所说,人们"没有意识到自己被赋予了这种伟大的天赋。下个月他们可能会比现在更好更强。人生并不仅仅是一条下坡路。你没有被困住……我们实际上是以一种允许不断自我完善的方式构造的"[4]。

你可能感觉不到神经元的生长,但学习还有许多其他你可能更熟悉的积极影响。如果你在以后的生活中尝试学习一项新技能,比如滑雪、说法语、编程或弹钢琴,你可能对伴随这种尝试的不适和兴奋的奇怪组合很熟悉。再次成为一个初学者意味着容忍无数小的挫折和胜利,这是学习体验必不可少的一部分。对于那些已经达到了游戏顶端、习惯了在房间里做专家的领导者来说,这是一种健康的练习。它会在积极的意义上打破你的平衡,阻止你变得自满、沾沾自喜或陷入熟悉的思维习惯。它是一个提醒,就像禅宗所说的"shoshin"或"初学者之心",即一种摆脱成见的开放的态度,甚至可以帮助你在非常精通的领域引入新的方法。它可以为所有与你一起工作的人树立强有力的榜样。当一个领导者在毫不犹豫地学习,同时在追求新技能和新知识的过程中表现出好奇心和不怕犯错的状态时,这会鼓励和解放其他人去做同样的事情。

学习与成长的练习:找一位导师、老师或教练

无论你在职业生涯和个人成长过程中处于什么位置,都肯定有人可以帮助你、支持你、指导你或教你。这可能意味着投资一位专业的领导力教练或高管教练,他们会通过确定你要建立的优势、需要改进的弱点以及针对这两个问题的练习来帮助你学习和成长。这可能意味着寻找一位

导师，你尊重他的智慧和人生经验。这可能意味着找一些老师，他们能够传授特定的技能、成长技巧或见解。即使是处于巅峰的领导者也不应该过于骄傲而不寻求他人的指导。

广度：成为通才

有一句流传已久的玩笑话，"一位专家对越来越少的事情知道得越来越多，直至他们对无关紧要的东西知道一切"。好吧，今天我们的社会肯定透彻了解所有无关紧要的事情，因为专家占据了主导地位。我们生活在一个日益过度专业化的世界里。正因如此，值得肯定并欣赏的对待知识的一个不同方法是：成为通才。可以说，这种不那么受欢迎的智能倾向比以往任何时候都更重要，尤其是对那些处于领导地位的人来说。学习和成长的目标之一是整合，以明智、周全的方式更好地整合来自各种观念和学科的见解的能力，这种能力比以往任何时候都更为重要。它让一个人的才智在各个领域广泛延伸、让不同的想法相互交流、发现跨学科的模式以及"看到森林"，这在我们这个数据饱和的时代至关重要。如果你是一个公司、团队、项目或一群人的掌舵人，你需要对很多东西都知道一点，甚至更多。

正是因为今天对专业化的高度关注，做一个通才对于觉醒领导者来说就成了相当强大的优势。记者戴维·爱普斯坦（David Epstein）在他 2019 年出版的《为什么通才能在专业化的世界中获胜》（*Why Generalists Triumph in a Specialized World*）一书中调查了从体育到科学再到军事等多个学科，探讨了是成为专家更好，还是成为通才更好的问题。他发现，一个又一个例子表明多面手从长远来看往往更成功。他论点的核心是这样一个事实：随着你努力之事的复杂性的增加，狭隘的专业知识变得越来越不重要。他写道："现代工作需要知识转移，也就是将知识应用到新情况和不同领域的能力。"[5]爱普斯坦又说，作为一个通才，能让你对变化的环境更加灵活和适应。你不会被困在一个特定的学科或狭隘的思维模式中，在做决定、解决问题或规划未来时能够汲取广泛的知识。你在培养一种更基本的思考方法，而不是死记硬背事实和过程。他指出："你可以看到，人们带着可随时获取有关人类的所有知识的手机四处走动，但他们不知道如何整合这些知识……我们没有训练人们思考或推理。"[6]

深厚的专业知识永远不应该被低估。但对当今的领导者来说，整合是一种非常重要的能力。最好的整合者能够达到一种品质，而这种品质正是整个学习和成长项目的目标，即智慧。

深度：从聪明到智慧

普拉特河流经科罗拉多、怀俄明和内布拉斯州，沿岸的居民过去常说："它宽一英里，深一英寸，但你还是会淹死在里面。"同样的道理也适用于我们这个数据丰富、新闻饱和、社交媒体盛行的时代。我们生活在一个信息泛滥的时代，很容易发现自己迷失在数字碎片的洪流中，在精心盘算的内容推送的洪流中挣扎着寻找智慧的空气。如果我们真的想要学习，在这个

第9章 终身学习与成长

词的所有维度意义上,我们需要偶尔把数量放在一边而关注质量。我们必须更深入地下潜到长篇文章、有趣的书籍、引人入胜的纪录片、丰富的对话、鼓舞人心的探究、有启发性的交谈当中。它意味着追求深度——超越表面、寻求本质。

在一个总是希望我们迅速转向下一件事的世界里,做一个有内涵的人并不总是容易的。但当我们真正下定决心,潜到更深的地方,我们的学习质量就会得到提高。最重要的是,我们的"领导力天花板"(我找不到更好的词来形容了)就被显著提高了。尽管我们每个人天生都很聪明,但领导力需要一些更多的东西。当我们通过自己的好奇心和兴趣去学习,从更高质量的智力资源中获得新的视角时,我们的先天智力就会得到锻炼和丰富,为决策提供信息的知识储备也会得到提升。严峻的事实是,对于如何展现出高水准的觉醒领导力,几乎没有什么可生搬硬套或可预测的东西。不管我们读了多少关于领导力的书,都不是即插即用的。当你把上个月的见解应用到今天的问题上时,你的决策就会变糟,因为背景、情境和细节总是以新的方式呈现。为了响应任何企业或组织不断变化的复杂需求,我们的决策必须是情境性的、适应性的、创造性的和高度动态的。

我们的文化倾向于崇拜年轻,而年轻当然有许多优点:敢于冒险、敢作敢为、精神饱满、不受历史负担的约束。企业和社会都极大地受益于年轻人的大胆和激情。多少次你听到企业家说"如果我知道会如此深陷其中,我可能一开始就不会创建公司"。然而,正是因为他们做了,世界才变得更加美好。在今天的一些企业文化中,甚至还有对中老年领导的不信任,好像他们不可避免地缺乏必要的热情和强烈的承诺。然而，真正有智慧的成就以及随之而来的领导力，很少是年轻人的领地。正如作者普拉萨德·凯帕（Prasad Kaipa）和纳维·拉德如（Navi Radjou）在他们的同名著作中所描述的那样，即使是杰出的领导者，通常也需要时间来完成"从聪明到明智"的旅程。明智的领导需要的不仅仅是运营上甚或战略上的才华。正如作者所描述的，它意味着"通过在行动、反思与自省之间获得平衡，让我们的智慧为更大的利益服务……帮助我们从把聪明用于为自己谋利（通常是零和思维）转变到利用它为更高的使命创造新的价值"。[7]

在当今世界，智慧似乎是一种无形的品质，当涉及各类领导力时，它也是一种常常被低估的资产。它不仅仅是智力和聪明，不仅仅是知识，甚至不仅仅是经验，它是长期致力于学习和成长所结出的不断成熟的果实。

踏上成长的旅程

按照富兰克林的传统，学习应该是一个觉醒领导者的终身承诺。但我们的旅程不仅要包括新技能、专业知识和信息的获取，还要包括个人成长和自我发展的内在工作。正如领导力发展顾问巴雷特·布朗（Barrett Brown）所观察到的那样，"我们如何知道比我们知道什么更重要"[8]。他解释说，我们如何知道取决于心智、情感和关系能力的发展，也是我们如何思考、感受和理解世界的综合转化，而不仅仅是获取新知识或技能。罗伯特·凯根预言，这是一段进入新的"心理、心智和灵性"风

第9章 终身学习与成长

景的旅程。在某种程度上，这个旅程可能会在人的一生中自然展开，但正如布朗所指出的，今天的领导者有一个前所未有的机会来加速这一旅程。要充分体会这一领域带给当今领导者的丰富机遇，有必要回顾一下过去，并参观一下美国最优美的景点之一。如果加州中部的大苏尔海岸更容易到达的话，毫无疑问，它已经类似于欧洲的里维埃拉大海岸了，有着常常伴随着海边美景的浮华、魅力和奢华。但即使在今天，尽管加州海岸线上的蜿蜒道路和悬崖峭壁美丽得令人惊叹，但仍有一种狂风肆虐、崎岖不平的遥远感，依然抵御着来自喷气式飞机带来的过度侵入。在前面的章节中，我们指出，自然、社会和商业的进化常常发生在地理和文化的边缘，而没有比大苏尔海岸更具戏剧性的边缘了。也许这就是为什么长期以来，它吸引了众多艺术家、诗人、作家以及各种类型的波希米亚人。因此，正是在这个地方，一个偏远的悬崖顶上，一场与之前美国文化实验的传统非常相似的革命开始了，但最终它会有自己独特的风格。它的名字叫伊莎兰学院（Esalen Institute）。

　　这场革命的主要发起者是来自加州萨利纳斯的一个名叫迈克尔·墨菲（Michael Murphy）的年轻人，他受到了斯坦福大学宗教学教授弗雷德里克·斯皮格伯格（Frederic Speigleberg）的启发。斯皮格伯格曾师从蒂利希、海德格尔和荣格，但为了躲避希特勒，他逃离德国来到斯坦福大学。20世纪50年代末，他在斯坦福大学鼓励年轻的墨菲去学习东方哲学，于是墨菲在印度的修行场所度过了一段时间，在那里他遇到了伟大的圣人和革命者奥罗宾多（Sri Aurobindo）。所有这一切都推动着墨菲决

247

定为了一场新兴的反主流文化运动贡献他家位于海岸公路尽头悬崖顶的房产,而这场运动正在寻找新的个体学习与成长的形式,以及一个培育人的场所。

伊莎兰学院很早以前就成了美国的传说,曾经有过惊人的丰富多彩的人物阵容,包括亚伯拉罕·马斯洛、卡尔·罗杰斯、弗里茨·皮尔斯、奥尔德斯·赫胥黎、艾伦·瓦茨、亨利·米勒、卡洛斯·卡斯塔内达、阿诺德·汤因比、肯·凯西、莱纳斯·保林、保罗·蒂利希、艾达·罗尔夫、沃纳·埃哈德等,证明了其非凡的影响力。与全国其他志同道合的群体一起,它帮助我们的文化孕育了一些既古老又新鲜的东西:认为人类有更高的潜力,其成长和进化是可能的。墨菲和他的联合创始人迪克·普莱斯(Dick Price)共同见证了这一切。虽然如今已年近八旬,但才华横溢的墨菲,作为作家、马拉松运动员、学者、研究员、智库创始人、高尔夫球手、外交官和禅修者,几十年来一直高举着这把火炬。简言之,他是一个完整的人类学习和成长的典范,少有人可以匹敌。

作为长期的灵性实践者,我们饶有兴趣地看到,在伊莎兰学院这样的地方发展出来的成长与转变的工具、方式和实践,在过去的几十年里已进入到商业领域。曾经盛行于反主流文化群体的理念和过程,现在经常可以在典型的企业领导力静修营里找到。如今,禅修指南与人力资源部门的管理手册一起出现在了书架上,一小群教练、顾问和演讲者也发现了一个可以有收入的工作,就此能与商业机构分享这些一度处于边缘的观念。

但也许我们不应该感到惊讶。从本质上讲,商业是有强烈愿望的、务实和非意识形态的。给我看，不要只是告诉我！它是否有效？随着新一代高管开始寻求领导力优势，他们自然把目光投向那些专注于拓展人类潜能的文化领域。随着时间的推移，这些实践和方法也在不断演变，它们改变了旧的外形，变得更加世俗化，并适应了更传统的商业受众。但目标仍然是相似的——成长、发展、改变、更高层次的心流和表现，以及偶尔的超越。当真正投入时，它们仍然可以引领我们超越我们所知道的自己。

　　成长总是伴随着新视野的发现和旧观念的摒弃。我们必须抛开墨菲所说的生活中"继承下来的正统观念"[9]，踏上新的道路、寻求新的真理和寻找新的导师。成长和发展让我们从根本上改变了我们是谁以及我们与世界互动的方式。你怎样才能成为一个更优秀、更成熟、更进步、更有自我意识的人？你怎样才能发挥更多的潜能？你如何加深自我意识、拓展内在生活？作为一个成年人、一位领导者，你怎样才能进步？你如何能探索到人类能够体验和表达的最远的边际？

　　在某种意义上，整本书都在致力于回答上述问题。例如，发展爱或服务的能力将带你踏上一个强大的内在成长之旅。追求正直或追求更高的使命同样会挑战你去提升和成为一个更成熟的人。人类是复杂的生物，我们的成长轨迹不是单一的，我们会沿着许多平行的、有时是交叉的路线前进。正如神秘主义者告诉我们的，有许多道路通往山顶。总之，成长的具体做法并没有真诚的投入那么重要。在这个领域，发心真的很重要，每个旅程详细的结构和方法也远不如个人旅行者的专注重要。我们很少能看到成长的最直接的路线，也很少能看到让我们到达目的地的一系列明确的里程碑。最重要的是踏上这个旅程！

主客体转化与反观自身

如果成长或发展难以清晰界定，那么要在企业环境中实施就很困难了。然而，这正是谷歌人才发展主管亚当·伦纳德（Adam Leonard）的工作描述。他专注于汲取发展心理学的最新见解、人类潜能运动的最佳实践、神秘主义的古老技术以及神经科学的新启示，并将它们转化为硅谷一些最优秀、最聪明的人的领导力发展项目。很少有人比他更适合扮演这样的角色，亚当曾在伊莎兰学院待过，也和哲学家肯·威尔伯（Ken Wilber）一起在整合学院（Integral Institute）工作过（合著了《生活就像练习：肯·威尔伯整合实践之道》一书），并在斯塔根领导力学会（Stagen Leadership Academy）工作。他是个人成长实践的行家，对实验和学习有着极富感染力的激情。就像一个完美的调酒师，他知道什么时候应该加入不同的东西来创造一种非常变幻的鸡尾酒，无论这意味着向工程师团队传授脆弱性的好处，还是将高管们带到世界上饱受战争蹂躏的地区沉浸式体验一下系统思考。当被问及他发现的最强大的领导力工具时，亚当总是有一个现成的清单，但高于清单之上的是一个看起来既明显又费解的概念：主客体关系。客观地看待自己很难。我们是否经常听到关于这个主题的不同故事？这几乎是不言而喻的。我们倾向于更清楚、更冷静地看待他人，而不是我

第9章 终身学习与成长

们自己，因为我们自己的经验本质上是主体性的。正如发展心理学家罗伯特·凯根所观察到的，更加客观地对待自身主体性现象（包括情感、个性特征、偏见、信念、触发点、成见、优势、创伤等等）的能力，是衡量所谓"成长"这一难以捉摸的东西的关键指标。的确，如果我们发展历程的目标是成为一个更觉醒的领导者，还有什么比把主体性的（因此通常是潜意识或无意识的）东西变成客体性的，并把它带入意识之光更重要的呢？

举一个简单的例子，比如像愤怒这样的情绪，一个不成熟的人可能会将愤怒的产生体验为一种主观几乎完全无法控制的状态。"我很生气"，这是对自我的一种表述，在愤怒的体验和愤怒的行为之间几乎没有距离。一个更成熟的人已经发展出更客观地观察愤怒产生的能力。体验从"我很生气"转变为"我能看到愤怒正在升起"，那个强大的情绪已经成为意识中的一个客体，而不是自我的本质部分。这是一个很小但非常强大的视角变化，因为当事物从主体转移到客体时，我们有更多的空间来选择如何行动。我们可能仍会经历同样强烈的情绪，但它不再控制我们。我们也可以把这个使主体成为客体的原理应用到内心世界更微妙的方面。

当一件事很大程度上是主体性的时候，我们很难直接看到它，所以我们通常必须从我们对他人的影响着手，然后追溯到看不见的冲动或触发点。例如，如果我们对某些人或情况反复做出过度的反应，我们可能会发现一个盲点或深埋的信念，它导致了自己无意识地将当前的现实与过去的经历或创伤混在一

251

起。通过更客观地看待这一点，我们可以把冲动和行动分开，并在当时做出更适当的反应。

亚当在谷歌的工作中多次借鉴了凯根的智慧，聚焦于这一基本理念，把主客体转化作为领导力发展的有力杠杆。如果领导者能学会更客观地看待自己，他们将会做出更好的决策，改善与团队的关系，并能更有效地发展自己。但是，客观地看待自己说起来容易做起来难，于是亚当运用了技术的帮助。他借鉴职业运动员通常在比赛后"看录像"的做法，将领导者们在以困难人际互动为主题的角色扮演中的场景拍摄下来，然后和他们一起观看录像，对他们进行指导，帮助他们将外在反应和当时没有意识到的主观世界联系起来。这一经历被证明是痛苦的，也是无价的。"每个人都讨厌被录像，"他承认，"但没有什么比在屏幕上真实地看到自己更能带来更大的客观性了。这个效果是很有黏性的，人们会记住它，他们会变得更好。"变得更有觉察力，这听起来很棒，但它往往是一个相当不舒服的经历。但不舒服可能是成长的标志，所以这是有抱负的觉醒领导者必须学会忍受的。假如你不想拿出摄像机，我们鼓励你练习将主体变为客体，无论是在个人（正念）禅修练习中、在支持性的教练关系中，还是在值得信任的同侪团体中。

最具变革性的领导者往往不知不觉地在自己身上和他们领导的团队中重复实施这种主—客体的转变。人类认知的一个非凡特征是：我们有能力去感知我们内心世界的高峰和低谷，以及粗糙的根与洞穴。只有这样，我们的自我意识才会不断加深，我们自己的自由领域才能不断扩大。

第 9 章　终身学习与成长

让人变聪明的方法

心理学家霍华德·加德纳（Howard Gardner）被许多人视为"多元智能理论之父"，他指出，"作为人类，我们有许多不同的表达意义的方式，也拥有多种智能"。[10]在 1983 年出版的开创性著作《智能的结构》(*Frames of Mind*) 中，加德纳认为分析性智能或智商（IQ）只是人们表达智能的多种方式之一。

多元智能的概念有助于我们思考个人成长的多元历程。人们天生就有不同的天赋，这一点自古以来就得到了承认。只是在 20 世纪的大部分时间里，商业上的能力被认为大致等同于一个人可测量的智商。然而，在过去的几十年里，由于对多种个人能力的实际认可，职业发展领域已经发生了转变，实际上，对整体领导力的贡献而言，这些能力可能比智商更重要。这导致了"智能"概念的扩展，从而包含超越了单独认知能力的其他表现卓越的形式。

就领导力而言，分析智能最终像是一堆筹码。事实上，如果智商让你对自己的整体才华和能力有一种虚假或傲慢的感觉的话，那么它可能是一种阻碍。正如伯克希尔·哈撒韦公司董事长查理·芒格的著名解释所说，最好是"雇佣一个智商为 130 但自认为是 120 的人，而不是一个自认为智商有 170 而其实只有 150 的人"[11]。幸运的是，觉醒领导者有可能以远超出智商的多种方式来变得更加聪明。

今天，无论是在流行文化还是在商业领域，作为一种代言

253

觉醒领导力

"人类可以通过如此多的方式变得聪明"的方式，多元智能理论被越来越广泛地接受了。搜索一下标题中包含"智能"的书籍，你会找到从视觉智能、财务智能、道德智能到身体智能等几十个例子。其中一些将其主张建立在更严谨和实证的研究基础之上，另一些则更具投机性，但它们共同构成了我们在如何理解智能以及它对学习和成长意味着什么等方面的突变。加德纳本人最初设想了七种智能，并在后来的著作中提出了另外两种（自然观察者智能与存在智能）。有些智能与商业和领导力更为相关，但或许最成熟和最重要的一项就是在过去20年里席卷领导层和商界的"情绪智能（情商）"。

当迈克尔·墨菲一边俯瞰着太平洋，一边主持着加州最有趣的系列对话时，另一位身处东海岸的年轻探索者正在研究人类发展的路径，而这些最终将在企业界产生深远的影响。1967年，哈佛大学教授理查德·阿尔珀特（Richard Alpert）前往印度，在那里遇到了后来成为他导师的圣人尼姆·卡罗利（Neem Karoli Baba）。理查德改名为拉姆·达斯（Ram Dass），这段旅程后来成为他的经典著作《此时此地》（*Be Here Now*）的基础，这本书激励了一代人追随他的脚步。拉姆·达斯于1968年回到美国时，碰巧遇到了哈佛大学年轻的博士后丹尼尔·戈尔曼（Daniel Goleman）。戈尔曼决心亲自去看看让他新认识的人发生如此变化的土地和人民，于是他开始了自己的东方之旅。他也受到人类意识所蕴含的可能性的启发，回到了哈佛。他开设了一门名为"意识心理学"的课程，在20世纪70年代的哈佛学

第9章 终身学习与成长

生中成了热门课。他的第一本书《禅修经验的多样性》(*The Varieties of Meditative Experience*) 于 1977 年出版,随后他还写了几本。但是,那本使他脱颖而出并永远改变我们文化词语的书直到 1995 年才出版,这本书名叫《情商:为什么它比智商更重要》(*Emotional Intelligence: Why It Can Matter More than IQ*),它被译成几十种语言,销量超过 500 万册。

简单地说,情商是一种能够更好地感知和理解自己的情绪、动机和冲动,以及对他人有更多的同理心和理解的能力。情商是建立在自我认识和自我意识的基础上的,通过更加意识到自己的情绪和内心生活,我们就能够管理和调整我们的情绪,使之与我们更大的领导力目标保持一致。我们可以对自己的情感体验承担更多的责任,并欣赏它如何影响他人。我们都知道和一个似乎意识不到自己内心混乱的人待在一起是什么感觉,他们无法控制自己的反应或感受,而这些反应或感受会宣泄出来并影响他们的工作和人际关系。当然,我们可能在不同的人生阶段都经历过这样的混乱。在充满压力的工作环境中,我们也经常会遇到一些人,他们在技术技能方面训练有素,工作也做得很好,但在管理自己的情绪时却显得像个孩子。

通过增加我们对自己情感生活的觉知,我们自然会更加适应他人的情感。我们常常无意识地通过自己想法和观念的滤镜与他人建立联系,而这种被过滤的视角经常违背和掩盖他们是谁的真相。我们的情商越高,我们就越能真正地与他人协调,在这个过程中,我们的同理心也会突飞猛进地增长。当我们发展这种能力时，我们就能更好地解释一整套情感信号（面部表情、肢体语言、语调）以及强化这些信号的内在情感品质。在最好的情况下，真实的情商还能通过建立真诚的个人联系和关怀，在同事之间建立信任和忠诚。它还有助于领导者更好地预测和欣赏他们的团队成员情感上受外部事件影响的方式。

尽管它的影响在社交领域可以感受到，情商的本质实际上是一种内在的东西。耶鲁情商中心的罗宾·斯特恩说："有些人认为情商是一种软技能或变得友善的能力或倾向。真正重要的是理解你此刻正在发生什么，这样你就能有意识地选择运用什么情绪、你要如何管理自己，以及你想要世界如何看待你。"[12]

情商练习：命名你的情绪

衡量、发展和练习情商的方法有很多，但出发点几乎总是看似简单的情绪的自我意识练习。你能识别和认同自己的情绪吗？这似乎是一个基本的任务，但它可以启发你真诚地尝试去了解和说出在一小时或一天的时间里，在你内心经历中出现和消失的许多情绪。例如，在一个艰难的团队会议中，事情没有像你希望的那样发展，你可能会注意到一种模糊的沮丧感。然而，当你仔细观察时，你会发现对这种感觉更精确的描述应该是一种被剥夺权力的感觉。正确地识别这种感觉可以让你对它做出更真实的反应。你不仅需要鼓舞斗志，还需要找到一种方式就已做出的决定达成妥协并维护你被授权的领导意识。情感觉知也被称为情感能力或情感流畅性，它的发展是一个相当惊人的强大的成长路径，它将不断地揭示出新的不同层面的微妙之处和细微差别。

虽然有些人把情商和与之密切相关的社交商混为一谈，但对两者都进行了研究和写作的戈尔曼则作出了有益的区分。他解释说，社交商更注重外在。当关注人类性格的这一方面时，"焦点转移到我们互动时出现的那些短暂瞬间，当我们意识到自己是如何通过这些瞬间的总和创造了彼此时，它们便产生了深刻的效应"[13]。

任何一个团队——不管是两个人还是两百个人——的领导都会对这句话的重要性产生共鸣。我们创造了彼此。人类本质上是社会性生物，彼此深深地协调和相互影响着，不仅是在可察觉的语言和行动层面，而且还在难以察觉的情感、态度和信仰的层面。发展你的情商和社交商可以让你更有效地与广泛的人互动，理解和管理在任何人类社区（包括商业）中运作的人际关系和文化动态。

另外，我们建议觉醒领导者考虑一条更为关键的发展途径，即所谓的"文化智能"，虽然它看起来似乎是一个比上面讨论的其他智能新得多的概念。美国的一些大型组织里存在着日益增多的扰动内部文化的争论。为了巧妙地驾驭它们，

觉醒领导力

觉醒领导者需要深刻理解那些作为其根源的价值观和许多与文化有关的世界观。上述争论在市场的每个角落都能感受到。我们熟悉的例子包括：谷歌因为一份有争议的备忘录和对政府业务的内部抵制而解雇了一名工程师，星巴克因举办紧急多元化培训而停业，以及福来鸡（Chick-fil-A）因其首席执行官持保守的基督教观点而受到抵制等。当涉及价值观和个人认同感的问题时，企业领导者就会面临一个潜在的雷区，有时似乎即使是最成熟的当代心理学技能和个人同理心也不足以武装我们来处理这些问题。为什么？因为这些争议的根源不仅在于个人的态度、信仰、病态或体制结构，还在于更广泛的文化价值观体系，而这些文化价值观体系还在改变和演化，有时还会发生冲突。

虽然培养文化智能有很多的方式，但我们将文化智能定义为一种新兴的整合视角，它能以富有同情心的方式协调并整合一系列相互冲突的价值观。作为领导者，当传统价值观（责任、信仰和自我牺牲）与现代主义价值观（个人自由）发生冲突时，我们能意识到吗？我们能否理解过去几十年蓬勃发展的多样性、可持续性和社会正义等价值观（有时被称为后现代价值观）是如何显著影响企业并颠覆现有合作方式的吗？对于这些变化给一些人造成的破坏我们能否有些共情，即使我们是在捍卫自己珍视的价值观？我们能否尊重多元价值体系的积极贡献，即使我们拒绝他们的反常？这些技能和能力将使觉醒领导者在当今和未来的工作场所脱颖而出。（有关活跃在现今我们的国家和世界的各种价值体系或世界观的更详细讨论，请参见第 263 页附录《培养文化智能》。）

学习与成长的练习：构建学习型组织

除了我们在本章中分享的个人实践，我们还建议将你的团队甚至整个公司转变为"学习型组织"（这个术语是由彼得·圣吉在《第五项修炼》一书中提出的）。学习型组织是一个积极促进其成员成长的组织，从而不断改变自身以应对竞争压力。一个组织本身可以学习的概念导致了团队学习的广泛实践，其中人们一起工作，同时提高个人和集体的能力。许多商学院已经将团队学习融入到课程结构中，特别是在 MBA 项目中。罗伯特·凯根也以被称为"锐意发展的组织"（Deliberately Developmental Organizations）的研究为该领域做出了贡献。

觉醒领导力的精神

对多种有关人类成长和繁荣途径与方法的讨论迟早会把我们引向灵性之门。灵性成长是什么意思？你如何判断你的灵性发展有无进步？这些问题已经被一些人类最伟大的领袖和导师思考了数千年。虽然这种事情曾经被认为与商业的世俗关切点毫不相干，但今天，不管他们是否使用那个特定的术语，领导者们公开谈论他们对灵性道路和实践的追求已经不再罕见。然而，灵性成长是一个深刻而复杂的主题，充满了潜在的难题，并且不容易被顺利地概念化为众多领导力技能中的一项。

有些人将灵性发展描述为另一种智能，这是准确的，但还远不止于此。毋庸置疑，它对不同的人意味着不同的东西。事实上，虽然本书的每一位作者都对修行和成长有着终生的承诺，但我们个人的道路都是与众不同的，有着独特的风格，我们相信许多读者也是如此。但无论你如何定义它，努力发展自己的灵性是真正的觉醒领导力的关键之一。灵性成长总是与追求更加觉醒紧密相关，这当然是这本书的中心主题。

灵性发展就像一个内在的杠杆。我们在灵性上发展得越多，对生活的其他方面的影响就越强大，我们有效而觉醒地领导的能力也就越大。正如领导力专家斯蒂芬·柯维（Stephen Covey）所说："灵性智能是所有智能中最核心和最基础的，因为它是指引其他智能的源泉。"[14]

如果我们假装在这几页纸中能够完全捕捉到"人类将自己发展为灵性存在"这个主题的广度和深度的话，这将是愚蠢的。但在觉醒领导力的旅程中，我们无法回避更深刻的存在性问题，比如在最深层的意义上，我们是谁？我们如何在个人和集体的生活中达到更高的境界，更好地体现真善美？我们如何追求自己更高的使命？我们如何为人类文化的下一步进化做出贡献？我们如何更好地为同胞和星球服务？我们在这个短暂的尘世之旅中有一个命中注定的角色，那就是提出生命中最重要的问题，并寻求真实的答案，而当我们找到这些答案时，应当尽毕生之力去践行。

无论是在世界上的伟大智慧传承中，还是在当代灵性的熔炉里，都存在着无数灵性成长的方法。在某种意义上，它们每一个都能引领我们超越个人的、局部自我的狭窄结构，拓展我们的意识，开阔我们的视野。

有些方法专注于内心世界，例如深潜进入存在的旅程、对内心世界做静默的探索，以及对拓展和超越人格的更高深意识的追求。山顶上的禅修者、洞穴里的隐士，甚至是今天那些参加强调自我意识和独处的静修营的修行者，所有这些探寻者都在遵循着这条通往内在的必经之路。

还有一些方法将焦点转向外部，看到在服务与奉献、对人类同胞的爱、关怀与无私等行为中表现的灵性。伟大的圣者和疗愈师已经走过这条路，今天世界上许多在服务中找到灵性救助和深刻意义的人也在走这条路。阿尔伯特·施韦策（Albert Schweitzer）是这种灵性形式的楷模之一，用他不朽的名言很好地表达了这一点，"在你们之中，只有那些寻求并发现如何服务的人，才是真正幸福的"[15]。

还有一些灵性道路强调更高召唤的力量，即臣服或致力于一个超越性目标。无论是想象中的上帝、对世界的巨大贡献，还是在我们意识和文化的进化中扮演的一个角色，把自己托付给比自己更伟大的事物是表达我们灵性信念的强大途径。历史上一些最伟大的英雄将自己选择的个人使命作为他们的灵性之路，我们相信这个理念同样值得当今企业界和其他领域的许多使命驱动型领导者去践行。

使命、爱和正直是我们在本书第一部分探讨的三种美德，它们在某种意义上都是通往灵性成长的大门。在某种程度上，觉醒领导力必须与它们的每一种结合。但作为个人，我们自然倾向于追求真正重要并与个人灵魂的特定基调产生共鸣的东西。最终，我们这本书的目的是激发和启迪读者们思考这些更深层次的问题，并找到自己的答案。希望我们也提供了一些相关且重要的智慧。

无论我们在学习和成长的旅程中走到哪一步，觉醒领导者的人生都要求我们通过每天的行动来表达我们最深刻的信念和最高的召唤。当然，并不是每一个平凡的时刻都是充满崇高感的，我们所面对的商业和组织的平淡现实永远不会被抛在后面，我们每个人每天都要做成百上千个选择，通常和更深或更高的抱负并没有直接的关联。但如果我们是带着正直、使命和爱走这条路的，如果我们长期沉浸其中，并且以一种伟大的创新和互利的精神踏上这一旅程，如果我们深切地关心自己和与我们共同经历这段旅程的团队，我们就会发现觉醒领导力的精髓。我们的生活、所在的组织以及世界将会因此而变得更加美好。

附录 培养文化智能

在最后一章里,我们介绍了"文化智能"的概念,并将其定义为一种新兴的视角与智慧,指的是带着同理心去协调和整合各种相互冲突的价值观。这种新的智慧让觉醒领导者能巧妙地驾驭目前困扰着许多发达国家的文化战争。然而,文化智能并不寻求无法实现的理想的中立状态,也不必是政治中立。这种扩展的新视角是文化智能的基础,与试图将商场视作战场的主流认识不同,该视角聚焦于交战双方"之外或之上"。

在当今的发达国家,占主导地位的世界观或文化价值观有三种,基于文化智能的领导力建立在对这三种主要价值观的清晰认识之上。生活在北美、欧洲和澳大利亚的绝大多数人的价值观要么是其中的一种,要么是其中两种或三种的混合体。为了便于讨论,我们对文化价值观的分析局限于美国本土,因为我们对此拥有更丰富的知识和经验。

正如我们所理解的那样,世界观是一整套贯穿几代人的价值观和信念系统。这些大规模的价值协议赋予现实以意义，并为人们提供了一种身份认同感。可以说，世界观是人类文明的最基本单位之一。因此，在当今复杂的社会环境中，觉醒领导者所需要的文化智能是：需要了解这些价值体系及其动态变化。众所周知，现代主义世界观与保守主义宗教世界观的差异相当显著。我们每个人都可以清楚地感知到世界观的重要性：保守主义的宗教世界观在历史上早于现代主义的出现，至今在美国文化中仍然占有相当地位。

现代性（或"现代主义"）价值观包括进步、繁荣、个人自由和科学理性。与此相对，保守主义价值观包括信仰、家庭、责任、荣誉和爱国主义。当然，这些价值观在相当大程度上有共通之处。同时，主流话语体系中已普遍接受了现代主义世界观与保守主义世界观之间的文化差异。但是，美国的第三大文化板块"进步主义世界观"仍然没有得到充分的理解（进步主义世界观与进步主义政治有重合之处，但两者并不完全等同）。虽然在更大范围的文化讨论中，环保、社会正义等进步议题很常见，但大多数主流评论员仍然没有认识到进步主义世界观在当今文化中的重要性和影响力，尤其是在年轻族群之中。不论怎么样，进步主义的后现代价值观已独立构成了第三种主要世界观。表A.1展示了美国三大世界观的一些例子，我们通常称为现代主义、保守主义和进步主义。

从目前人口规模来看，现代主义仍然是当今美国最主流的世界观，大约有50%的人坚定地支持它；其次是保守主义，大约有 30% 的人支持；剩下的是进步主义，大约有 20% 的人支持。[1]尽管支持进步主义世界观的人员比例是最小的，但它却主宰着学术界和美国大多数媒体和娱乐业，因此，其影响力日益增长，不容忽视。我们预计，至少在接下来的几十年里，美国文化的总体面貌仍将是这三种主要世界观的持续竞争，这也会体现在组织文化上。

表 A.1　美国三大世界观的例子

	保守主义世界观	现代主义世界观	进步主义世界观
善	信仰、家庭与国家 为了整体福祉甘愿自我牺牲 责任与荣誉 法律与秩序 上帝意志	经济与科学进步 自由与法治 个人成就、繁荣与财富 社会地位与高等教育	社会与环境正义 多样性与多元文化主义 自然生活方式与本地化 行星疗愈
真	经典（如《圣经》） 宗教团体的律令与规范 公认权威的指引	科学 理性与客观 事实、依据与证明 文学与哲学	主观视角：什么对你是真实的 觉醒与敏感性 权力结构的透明化
潜在问题	偏执、种族主义、性别歧视主义、恐同症 宗教原教旨主义、反科学 抗拒道德进化与更大的融合 威权主义、排外倾向	冷漠的精英主义与自私的攫取行为 被特殊利益所利用 用科学主义和敌意对待宗教 裙带资本主义与自我交易（以权谋私）	反现代化与反爱国主义 忽视分歧 自视正确的训斥与权威式的要求 魔幻式思维与自恋

(续表)

	保守主义世界观	现代主义世界观	进步主义世界观
模范人物	罗纳德·里根 温斯顿·丘吉尔 埃德蒙·柏克 教皇约翰·保罗二世 葛培理（牧师） 威廉·巴克利 菲莉丝·施拉夫利 安东尼·斯卡利亚	托马斯·杰斐逊 约翰·肯尼迪 富兰克林·罗斯福 艾尔伯特·爱因斯坦 托马斯·爱迪生 亚当·斯密 卡尔·萨根 米尔顿·弗里德曼 弗兰克·劳埃德·赖特	圣雄甘地 纳尔逊·曼德拉 约翰·列侬 约翰·穆尔 玛格丽特·米德 贝蒂·弗里丹 琼·贝兹 奥普拉·温弗瑞
当代典型	罗斯·杜塔特 帕特里克·迪尼 罗德·特莱尔 华理克牧师 塔克·卡尔森	希拉里·克林顿 斯蒂芬·平克 托马斯·弗里德曼 比尔·盖茨 谢丽尔·桑德伯格	伯尼·桑德斯 塔-内西·科茨 玛丽安娜·威廉森 娜奥米·克莱恩 比尔·麦吉本

大多数企业当下所处的经营环境是由抱持不同世界观的利益相关者构成的。例如：企业的员工通常是持进步主义的千禧一代，投资者通常是现代主义者，而企业的客户通常是三种主义者都有，很可能按照上述 50∶30∶20 的比例分布。

这些世界观之间相互没有好感，但我们没必要卷入纷争之中。我们可以学会超越并整合这些相互冲突的价值观。对价值观进行整合时，首先要认识到每种世界观都有健康的正面价值和不健康的负面价值。它们都包含历久弥新的建设性的积极一面，也包含消极的有缺陷的一面，甚至可能有些是病态的。如

附录 培养文化智能

何既发挥各种价值观的正面部分又摒弃坏的部分,这是领导者的文化智能要解决的问题。(表 A.1 列出了三种主要世界观的积极方面与潜在的不良后果。)

文化智能清楚地区分每种世界观的优点及其缺点。分别对待每种世界观的"尊严"与"灾难"可以让我们认可并发挥其中积极且历久不衰的部分,使其继续为人类整体文化价值观贡献其正面影响。例如,觉醒领导者可以在面对邪恶行为时,发挥保守主义价值观,唤起温斯顿·丘吉尔式的反抗精神,增强自身不畏邪恶的勇气和决心。在需要更多包容性的场景里,觉醒领导者可以发挥圣雄甘地非暴力抵抗的进步主义精神以应对反对意见。通过学习、欣赏和整合这三种主要世界观的正面价值,觉醒领导者可以扩展个人价值观的视野,进而提升自身的意识层次。

同时,我们无须因为文化智能的运用而降低对符合个人身份认同的世界观的忠诚度。我们可以在一个既定世界观的范围内去施展基于文化智能的觉醒领导力。在已出版的商业书籍里面,鲍勃·查普曼(Bob Chapman)和拉金·西索迪亚(Raj Sisodia)合著的《共情:觉醒商业的管理》(*Everybody Matters*)一书,从传统的保守主义视角阐述了觉醒领导力;同时,保罗·霍肯(Paul Hawken)的《自然资本主义》(*Natural Capitalism*)从进步的后现代视角论述了觉醒领导力;而瑞·达利欧影响力非凡的著作《原则》(*Principles*)则采用现代主义的主流观点阐释了觉醒领导力。每位作者都向我们呈现了觉醒领导力的一个真实面向。同时也要看到，尽管可以有效地在每一个世界观的框架内实践觉醒领导力，但在美国今天日益尖锐的文化战争中，那些能够带着同理心去整合三种文化价值观的领导者将格外受到重视。

表 A.2　新兴的整合型世界观的特征

善	真	潜在问题	模范人物
世界中心主义的道德观 意识与文化的进化 所有主要世界观的正向价值 承担解决全球议题的个人责任	辩证发展观 包容性评价 科学与灵性的和谐	可能变得不敏感或没有耐心 显得有点精英主义或冷漠	德日进 阿尔弗雷德·诺斯·怀特海 奥罗宾多 让·盖博瑟 克莱尔·格列夫

即使抱持着某个特定世界观的领导者也能有效地利用文化智能，但是文化智能本身已经构建出了第四种世界观——本质上是一种"后进步主义"的新兴文化视角。这种后进步主义或整合的世界观尊重并囊括了进步主义的价值观，但它之所以是"后进步主义"，是因为它能够做"进步主义"不能做的事情：它充分承认过往所有世界观中积极有益的部分，坚信这些积极有益的部分都有充分的合法性，在当今社会及未来社会都有必要持续存在。因此，这种整合的世界观是通过向下延伸而向上发展起来的。[2]

这种整合世界观具有自身独特的价值，比如它试图整合科学与灵性，它强调每个人对解决全球性议题的责任感，它扩大了对相互冲突的真相的欣赏和（非二元对立的）辩证推理；它表达了对于进化的重要性的欣赏，特别是在文化的进化方面。表 A.2 说明了这种新兴的整合世界观的特征。如果追根溯源，这是新型领导力在文化智能维度的最终来源。

虽然文化智能至今还没有被公认为一种必要的领导力技能，但随着文化冲突对美国商业界的影响作用越来越大，对能够协调三种世界观冲突的高效领导者的需求正变得越来越迫切。

关于文化智能的阅读推荐：

1. Inglehart Ronald. *Cultural Evolution：People's Motivations Are Changing, and Reshaping the World*. Cambridge, UK：Cambridge University Press, 2018.

2. McIntosh Steve. *Developmental Politics：How America Can Grow into a Better Version of Itself*. St. Paul, MN：Paragon House, 2020.

3. Phipps Carter. *Evolutionaries：Unlocking the Spiritual and Cultural Potential of Science's Greatest Idea*. New York：Harper Perennial, 2012.

4. Wade Jenny. *Changes of Mind：A Holonomic Theory of the Evolution of Consciousness*. Albany：State University of New York Press, 1996.

5. Welzel Christian. *Freedom Rising：Human Empowerment and*

the Quest for Emancipation. New York: Cambridge University Press, 2013.

6. Wilber Ken. *Trump and a Post-Truth World*. Boulder, CO: Shambhala, 2017.

致　谢

正如我们在本书中多次提到的，创新喜欢相互陪伴的群体。重要的成就很少是某个人独自思想的产物，通常是富有创造力的社群的共同智慧。本书也不例外。本书作者的目标是阐明我们对领导力的深切感受，同时这些见解并非只来自我们三个，而是一群热情洋溢的开拓者和企业家的集体智慧的呈现，他们对商业道德力量的坚定信念照耀着我们的写作旅程。确实，我们需要感谢许多觉醒商业的先驱者和富有远见的企业家，他们为此做出了功不可没的成就。我们无法在这里一一列举他们的名字，但我们必须提及以下不可或缺的人，他们是Stephen Covey、Don Davis、Ed Freeman、Daniel Goleman、Clare Graves、Howard Gardner、Robert Greenleaf、Stuart Kauffman、Robert Kegan、Fred Kofman、Deirdre McCloskey、Doug Rauch、Jeff Salzman、Peter Senge、Robert C. Solomon、Roy Spence，以及其他做出了卓越贡献但不在此名单里的人们。

我们要感谢知识渊博并甘于奉献的 Portfolio 团队，尤其要感谢 Trish Daly，她给本书提供了源源不断的有创意的支持、坚定的愿景和周到的编辑；我们要感谢 Adrian Zackheim 在本书的出版过程中展现出的无穷智慧和坚定承诺。经纪人 Rafe Sagalyn 帮助我们认识到本书的重要性和巨大潜力，我们感谢他在整个出版过程中始终如一的支持。此外，Keith Urbahn 和 Javelin 的团队在本书的早期策划中，耐心地参与讨论，并给予我们很多的帮助。

如果没有 Ellen Daly 非凡的编辑才能，这本书恐怕难以完成。她以卓著的编辑才华将本书初稿结构化，将三种不同的写作风格融合成一个统一清晰的声音。值得特别提及的还有作为觉醒商业重要支持者的拉金·西索迪亚，他孜孜不倦地推动着更具伦理道德的商业实践，使得这本书和更多同类的书成为可能。我们还要感谢 Alexander McCobin 及觉醒商业团队的成员们，他们每天都做着令人惊叹的工作，通过商业来进一步提升人性。许多人慷慨地奉献了他们的时间和智慧与我们讨论商业和领导力。我们深切感谢他们对本书所做的重要贡献，他们是 Miki Agrawal、Radha Agrawal、Pauline Brown、Mary Ellen Coe、Andy Eby、David Gardner、Tom Gardner、Steve Hall、Brett Hurt、Jonathan Keyser、Adam Leonard、Ramón Mendiola、Dev Patnaik、Jenna Powers、Walter Robb、Cheryl Rosner、Brian Schultz、Tony Schwartz、Ron Shaich、Rand Stagen、Robert Stephens、John Street、Halla Tómasdóttir 和 Jeff Wilkie。

注　释

引言　朝向觉醒领导者的自觉之路

1. "商业圆桌重新定义企业使命并提倡'服务所有美国人的经济范式'"商业圆桌，2019 年 8 月 19 日 https://www.businessroundtable.org/businessroundtable-redefines-the-purpose-of-acorporation-to-promote-an-economy-that-serves-all-americans.

第 1 章　使命为先

1. Roy Spence, "We Don't Have to Have Legs to Fly," 觉醒商业首席执行官峰会，得克萨斯州奥斯汀，2017，https://www.youtube.com/watch?v=gDGU5WUNiAY.

2. Richard Branson, "Setting Goals with Virgin Media at Southampton FC," Virgin.com, May 20, 2019, https://www.virgin.com/richard-branson/setting-goals-virgin-mediasouthampton-fc.

3. William McDonough and Michael Braungart, *The Upcycle*:

Beyond Sustainability—Designing for Abundance （New York：North Point Press，2013），7.

4. Lydia Denworth，"Debate Arises over Teaching 'Growth Mindsets' to Motivate Students，" Scientific American，August 12，2019，https：//www.scientificamerican.com/article/debate-arises-over-teaching-growthmindsets-to-motivate-students/.

5. Kristin Kloberdanz，"Ideas to Action San Francisco：UVA Darden Professors Tell the 'New Story of Business，'" Darden Report，University of Virginia，July 23，2018，https：//news.darden.virginia.edu/2018/07/23/ideas-to-action-san-francisco-uvadarden-professors-tell-the-new-story-of-business/.

6. John Mackey and Raj Sisodia，*Conscious Capitalism：Liberating the Heroic Spirit of Business* （Boston：Harvard Business Review Press，2014），52.（中文版译名《伟大企业的四个关键原则》）

7. Nancy Atkinson，*Eight Years to the Moon：The History of the Apollo Missions* （Salem，MA：Page Street Publications，2019），41.

8. Bert Parlee，"Polarity Management，" Bert Parlee（website），http：//bertparlee.com/training/polarity-management/.

9. Barry Johnson，*Polarity Management* （Amherst，MA：HRD Press，1996），xviii.

10. Quoted in Max Delbrück，*Mind from Matter? An Essay on Evolutionary Epistemology* （Palo Alto，CA：Blackwell Scientific Publications，1986），167.

第 2 章　以爱领导

1. Steve Farber, *Love Is Just Damn Good Business* (New York: McGraw-Hill Education, 2019).

2. Andrew S. Grove, *Only the Paranoid Survive: How to Exploit the Crisis Points That Challenge Every Company* (New York: Currency, 1999).

3. 这段引用经常被误认为出自 Vinb Lombardi。根据维基百科，它源于加州大学洛杉矶分校熊队橄榄球教练亨利·罗素·桑德斯 [Henry Russell ("Red") Sanders]，他讲了两种不同版本的引文。1950 年，桑德斯在 Cal Poly San Luis Obispo 体育培训班上对他的小组说："伙计们，说实话，胜利不是一切，"然后停顿了很长时间，"它，是唯一的！" 1953 年 12 月 7 日，《洛杉矶先驱报》和《快报》的 Bud Furillo 在关于桑德斯的文章中，在副标题中引用了该短句。Furillo 在自己未出版的回忆录中说桑德斯是在 1949 年加州大学洛杉矶分校（UCLA）输给南加州大学后首次向他发表这一声明的。Wikipedia, s. v. "Winning isn't everything; it's the only thing," https://en.wikipedia.org/wiki/Winning_isn%27t_everything;_it%27s_the_only_thing, last modified February 10, 2020.

4. HBO,《权力的游戏》, 第 1 季, 第 7 集 "You Win or You Die", directed by Daniel Minahan.

5. HBO,《权力的游戏》, 第 5 季, 第 7 集 "The Gift", directed by Miguel Sapochnik.

6. Jonathan Keyser, *You Don't Have to Be Ruthless to Win* (Lioncrest Publishing, 2019), 50.

7. Keyser, *You Don't Have to Be Ruthless to Win*, 14.

8. D. H. Lawrence, *Apocalypse* (New York: Viking, 1966), 149.

9. Krystal Knapp, "George Will to Princeton Graduates: The Antidote to the Overabundance of Anger in America Is Praise," Planet Princeton, June 3, 2019, https://planetprinceton.com/2019/06/03/george-will-to-princeton-graduates-theantidote-to-the-overabundance-of-anger-in-america-is-praise/.

10. Molly Rubin, "Full transcript: Tim Cook delivers MIT'S 2017 Commencement Speech," Quartz, June 9, 2017, https://qz.com/1002570/watch-live-apple-ceo-tim-cook-deliversmits-2017-commencement-speech/.

11. Sri Mata Amritanandamayi Devi, *May Your Hearts Blossom: An Address to the Parliament of World's Religions*, Chicago, September 1993, trans. Swami Amritaswarupananda (1993; Kerala: Mata Amritanandamayi Mission Trust, 2014), 54.

12. Lewis B. Smedes, *Forgive and Forget: Healing the Hurts We Don't Deserve* (1984; New York: Plus/HarperOne, 2007), x.

13. Edward Freeman, "What Is Stakeholder Theory?" Business Roundtable Institute for Corporate Ethics, Darden School of Business, University of Virginia, October 1, 2009, https://www.

youtube.com/watch?v=bIRUaLcvPe8.

第3章 行事正直

1. Thomas Jefferson to Nathaniel Macon, January 12, 1819, Manuscript Division, Thomas Jefferson Papers, Library of Congress.

2. Bill George, "Truth, Transparency & Trust: The 3 Ts of True North Leaders," Bill George (website), July 8, 2019, https://www.billgeorge.org/articles/truth-transparency-trustthe-3-ts-of-true-north-leaders/.

3. Elizabeth Haas Edersheim, "Alan Mulally, Ford, and the 6Cs," Brookings Institute blog, June 28, 2016, https://www.brookings.edu/blog/education-plusdevelopment/2016/06/28/alan-mulally-ford-and-the-6cs/.

4. S. Cook, R. Davis, D. Shockley, J. Strimling, and J. Wilke, eds., *Do the Right Thing: Real Life Stories of Leaders Facing Tough Choices* (Create Space, 2015), xxvii.

5. Stephen M. R. Covey, *The Speed of Trust* (Free Press, 2006), 247.

6. Zach Hrynowski, "What Percentage of Americans Are Vegetarian?" Gallup, September 27, 2019, https://news.gallup.com/poll/267074/percentage-americans-vegetarian.aspx.

7. Robert Solomon, *A Better Way to Think About Business: How Personal Integrity Leads to Corporate Success* (Oxford and New York: Oxford University Press, 2003), 42.

8. Solomon, *A Better Way to Think About Business*, 41.

9. Ken Wilber, Terry Patten, Adam Leonard, and Marco Morelli, *Integral Life Practice: A 21st-Century Blueprint for Physical Health, Emotional Balance, Mental Clarity, and Spiritual Awakening* (Boston: Integral Books, 2008), 43.（中文版译名《生活就像练习：肯·威尔伯整合实践之道》）

第4章　多赢策略

1. Glengarry Glen Ross, directed by James Foley, screenplay by David Mamet.

2. Shark Tank, season 1, episode 1, directed by Craig Spirko, starring Kevin O'Leary, aired August 8, 2009, on ABC.

3. Alexander McCobin, "Listening to Adam Smith, Gordon Gekko, and Dilbert: A Human Approach to Capitalism," The Catalyst: A Journal of Ideas from the Bush Institute no. 16 (Fall 2019), https://www.bushcenter.org/catalyst/capitalism/mccobin-consciouscapitalism.html.

4. "Declining Global Poverty: Share of People Living in Extreme Poverty, 1820–2015," Our World in Data, https://ourworldindata.org/grapher/declining-global-poverty-share1820-2015.

5. Stephen Covey, *The 7 Habits of Highly Effective People* (New York: Simon & Schuster, 2013), 213–216.（中文版译名《高效能人士的七个习惯》）

6. Peter Senge, *The Fifth Discipline: The Art and Practice of the*

Learning Organization(New York: Doubleday, 1990), 6-7. (中文版译名《第五项修炼: 学习型组织的艺术实践》)

第5章 创新与价值创造

1. Deirdre McCloskey, *Why Liberalism Works: How True Liberal Values Produce a Freer, More Equal, Prosperous World for All* (New Haven, CT: Yale University Press, 2019).

2. Hans Rosling, Factfulness: *10 Reasons We're Wrong About the World—and Why Things Are Better Than You Think* (New York: Flatiron, 2018), 52. (中文版译名《事实: 用数据思考, 避免情绪化决策》)

3. Deirdre McCloskey, *Bourgeois Equality: How Ideas, Not Capital or Institutions, Enriched Our World* (Chicago: University of Chicago Press, 2017), xiii.

4. Fred Turner, *From Counterculture to Cyberculture: Stewart Brand, the Whole Earth Network, and the Rise of Digital Utopianism* (Chicago: University of Chicago Press, 2008), vii.

5. Bob Dylan, vocalist, "Brownsville Girl," composed by Bob Dylan and Sam Shepard, track 6 on Knocked Out Loaded, Columbia Records, 1986.

6. Al Ramadan, Dave Peterson, Christopher Lochhead, and Kevin Maney, *Play Bigger: How Pirates, Dreamers, and Innovators Create and Dominate Markets* (New York: Harper Business, 2016), 3-4.

7. Robert D. Hof, "How Google Fuels Its Idea Factory," Bloomberg BusinessWeek, April 28, 2008, https://www.bloomberg.com/news/articles/2008-04-28/how-google-fuels-itsidea-factory.

8. Robert Greifeld, *Market Mover: Lessons from a Decade of Change at Nasdaq* (New York: Grand Central, 2019), 242–243.

9. Carlota Perez, "An Opportunity for Ethical Capitalism That Comes Once in a Century," United Nations Conference on Trade and Development, https://unctad.org/en/pages/newsdetails.aspx?OriginalVersionID=2077.

10. John Chambers with Diane Brady, *Connecting the Dots: Lessons for Leadership in a Startup World* (New York: Hachette, 2018), 41.

11. Claire Cain Miller, "Arthur Rock, Legendary V. C., Invested with Bernard Madoff," BITS (blog), New York Times, February 5, 2009, https://bits.blogs.nytimes.com/2009/02/05/arthur-rock-legendary-vc-invested-withbernard-madoff/.

12. Arthur Koestler, *The Act of Creation* (1964; London: Hutchinson, 1976), 96.

13. Ray Dalio, "Billionaire Ray Dalio on His Big Bet That Failed: 'I Went Broke and Had to Borrow $4,000 from My Dad,'" Make It, CNBC, December 4, 2019, https://www.cnbc.com/2019/12/04/billionaire-ray-dalio-was-once-broke-andborrowed-

money-from-his-dad-to-pay-family-bills.html.

14. Steven Johnson, *Where Good Ideas Come From: The Natural History of Innovation* (New York: Penguin, 2010), 31.

15. "The Adjacent Possible: A Talk with Stuart A. Kauffman," Edge, November 9, 2003, https://www.edge.org/conversation/stuart_a_kauffman-the-adjacent-possible.

第6章 长线思考

1. Gary Hamel, quoted in Seth Kahan, "Time for Management 2.0," Fast Company, October 6, 2009, https://www.fastcompany.com/1394289/hamel-time-management-20.

2. Jay Coen Gilbert and Alexander McCobin, "How to Build and Protect Your PurposeDriven Business," Medium, November 12, 2018, https://bthechange.com/how-to-buildand-protect-your-purpose-driven-business-a2bc51557180.

3. Simon Sinek, *The Infinite Game* (New York: Portfolio, 2019), 9. (中文版译名《无限的游戏》)

4. Peter Diamandis, "What Does Exponential Growth Feel Like?," Diamandis Tech Blog, https://www.diamandis.com/blog/what-does-exponential-growth-feel-like.

5. Salim Ismail, "Adapting to the Changes of the New World," Elevate Tech Fest 2018, Toronto, https://www.youtube.com/watch?v=FuXeh0Ymnog.

6. Kevin Kelly, *What Technology Wants* (New York: Viking,

2010），73.

7. William Gibson：*No Maps for These Territories*，directed by Mark Neale，Mark Neale Productions，2000.

8. Pierre Teilhard de Chardin，*The Future of Man*（1959；New York：Image Books/Doubleday，2004），186.（中文版译名《人的未来》）

9. Attributed to Twain，in Alan Goldman，*Mark Twain and Philosophy*（Lanham，MD：Rowman & Littlefield，2017），127.

10. Philip Tetlock，*Superforecasting*：*The Art and Science of Prediction*（New York：Broadway Books，2016），32.

11. Attributed to Napoleon Bonaparte，in Jules Bertaut，Napoleon in His Own Words，trans. Herbert Edward Law and Charles Lincoln Rhodes（Chicago：A. C. McClurg，1916），52.

12. Kai Weiss，"The Importance of Entrepreneurs：An Interview with Deirdre McCloskey," Austrian Economics Center, n. d., https://www.austriancenter.com/importanceentrepreneurs-mccloskey/.

13. See Steven Pinker，*Enlightenment Now*：*The Case for Reason*，*Science*，*Humanism*，*and Progress*（New York：Penguin，2018）.（中文版译名《当下的启蒙》）

14. Phil Lebeau，"Relax, Experts Say It's At Least a Decade Before You Can Buy a SelfDriving Vehicle," CNBC, July 30, 2019, https://www.cnbc.com/2019/07/29/expertssay-its-at-least-a-decade-before-you-can-buy-a-self-driving-car.html.

第7章 发展团队

1. Jerry Mcguire, directed by Cameron Crowe (TriStar Pictures, 1996).

2. Marcel Schwantes, "Warren Buffett Says Look for This 1 Trait If You Want to Hire the Best People," Inc., August 26, 2019, https://www.inc.com/marcel-schwantes/warrenbuffett-says-look-for-this-1-trait-if-you-want-to-hire-best-people.html.

3. Larry Page and Sergey Brin, "2004 Founders' IPO Letter: 'An Owner's Manual' for Google's Shareholders," Alphabet Investor Relations, https://abc.xyz/investor/founders-letters/2004-ipo-letter/.

4. Gregg Thompson, *The Master Coach: Leading with Character, Building Connections, and Engaging in Extraordinary Conversations* (New York: SelectBooks, 2017), 34–35.

5. Dan Schawbel, "Denise Morrison: How She Became the First Woman CEO at Campbell Soup Company," Forbes, November 6, 2017, https://www.forbes.com/sites/danschawbel/2017/11/06/denise-morrison-how-shebecame-the-first-woman-ceo-at-campbell-soup-company/#3529be286be4.

6. Rand Stagen, "You're Doing It Wrong … How Not to Give Feedback," July 27, 2018, https://stagen.com/youre-doing-it-wrong-how-not-to-give-feedback/ [inactive].

7. Linda Berens, "Typologies," Linda Berens Institute, n. d.,

https://lindaberens.com/typologies/.

8. Berens,"Typologies."

第8章 定期让身心复原

1."The Kiril Sokoloff Interviews: Stanley F. Druckenmiller," Real Vision, September 28, 2018, https://www.realvision.com/shows/the-kiril-sokoloff-interviews/videos/thekiril-sokoloff-interviews-stanley-f-druckenmiller.

2. Dee Hock,"The Art of Chaordic Leadership," Leader to Leader no. 15 (Winter 2000), 20-26, http://www.griequity.com/resources/integraltech/GRIBusinessModel/chaordism/hock.html.

3."Do American Workers Need a Vacation? New Career-Builder Data Shows Majority Are Burned Out at Work, While Some Are Highly Stressed or Both," CareerBuilder, May 23, 2017, http://press.careerbuilder.com/2017-05-23-Do-American-Workers-Need-aVacation-New-CareerBuilder-Data-Shows-Majority-Are-Burned-Out-at-Work-WhileSome-Are-Highly-Stressed-or-Both.

4. Eric Garton,"Burnout Is a Problem with the Company, Not the Person," Harvard Business Review, April 6, 2017, https://hbr.org/2017/04/employee-burnout-is-aproblem-with-the-company-not-the-person.

5. Leslie Kwoh,"When the CEO Burns Out," Wall Street Journal, May 7, 2013, https://www.wsj.com/articles/SB1000142

注 释

41278873236876045784691240008524696.

6. Richard Feloni, "The Founder of the B Corp Movement Celebrated by Companies Like Danone and Patagonia Explains How Overcoming Cancer Taught Him a Lesson That's Made Him a Better Leader," Business Insider, November 20, 2019, https://www.businessinsider.com/b-lab-cofounder-jay-coen-gilbert-shares-bestproductivity-advice-2019-11.

7. Matthew Walker, *Why We Sleep: Unlocking the Power of Sleep and Dreams* (New York: Simon & Schuster, 2017), 8.

8. Walker, *Why We Sleep*, 8.

9. Rasmus Hougaard and Jacqueline Carter, "Senior Executives Get More Sleep Than Everyone Else," Harvard Business Review, February 28, 2018, https://hbr.org/2018/02/senior-executives-get-more-sleep-than-everyone-else.

10. Walker, *Why We Sleep*.

11. Andrei Codrescu, *An Involuntary Genius in America's Shoes (And What Happened Afterwards)* (Boston: David R. Godine, 2001), 130.

12. David Katz, "Diets, Doubts, and Doughnuts: Are We TRULY Clueless?" Huffington Post, August 13, 2016, http://www.huffingtonpost.com/entry/diets-doubts-and-doughnuts-are-we-truly-clueless_us_57af2fe9e4b0ae60ff029f0d.

13. Michael Pollan, *Food Rules: An Eater's Manual* (New

285

York: Penguin, 2009), xv. (中文版译名《吃的法则：经典日常饮食手册》)

14. Dan Buettner, *The Blue Zones: Lessons for Living Longer from the People Who've Lived the Longest* (Washington, DC: National Geographic, 2010).

15. Nisargadatta Maharaj, *I Am That* (Bangalore: Chetana, 1973), 15.

16. Steven Johnson, *Where Good Ideas Come From: The Natural History of Innovation* (New York: Penguin, 2010), 172.

17. John Muir, *Our National Parks* (Boston and New York: Houghton, Mifflin, 1901), 56.

18. Florence Williams, "This Is Your Brain on Nature," National Geographic, January 2016, https://www.nationalgeographic.com/magazine/2016/01/call-to-wild/.

19. Kevin McSpadden, "You Now Have a Shorter Attention Span than a Goldfish," Time, May 14, 2015, https://time.com/3858309/attention-spans-goldfish/.

20. Adrian F. Ward, Kristen Duke, Ayelet Gneezy, and Maarten W. Bos, "Brain Drain: The Mere Presence of One's Own Smartphone Reduces Available Cognitive Capacity," Journal of the Association for Consumer Research 2, no. 2 (April 2017), https://www.journals.uchicago.edu/doi/abs/10.1086/691462.

21. Alison Coleman, "Six Business Leaders Share Their Digital

Detox Strategies," Forbes, November 27, 2018, https://www.forbes.com/sites/alisoncoleman/2018/11/27/sixbusiness－leaders－share－their－digital－detox－strategies/#46ee6ebf1456.

第9章 终身学习与成长

1. *Autobiography of Benjamin Franklin* (1791; New York: Henry Holt, 1916).

2. Elizabeth Debold, "Epistemology, Fourth Order Consciousness, and the Subject-Object Relationship," interview with Robert Kegan, What Is Enlightenment 22 (Fall/Winter 2002), 149.

3. Charlie Munger at the 2003 Berkshire Hathaway Annual Meeting, quoted in Barton Biggs, Hedgehogging (2006; Hoboken, NJ: John Wiley & Sons, 2011), 198.

4. Peter Hartlaub, "SF Scientist Tells You How to 'Hack Your Brain' on Science Channel," San Francisco Chronicle, September 17, 2014, https://www.sfgate.com/tv/article/SFscientist－tells－you－how－to－hack－your－brain-5762523.php.

5. David Epstein, *Range: Why Generalists Triumph in a Specialized World* (New York: Riverhead, 2019), 45.

6. Epstein, *Range*, 277.

7. Prasad Kaipa and Navi Radjou, *From Smart to Wise: Acting and Leading with Wisdom* (San Francisco: Jossey-Bass, 2013), 12.

8. Barrett C. Brown, "The Future of Leadership for Conscious Capitalism," MetaIntegral Associates, https://www.apheno.com/arti-

cles.

9. Andrew Marantz, "Silicon Valley's Crisis of Conscience: Where Big Tech Goes to Ask Deep Questions," New Yorker, August 19, 2019, https://www. newyorker. com/magazine/2019/08/26/silicon-valleys-crisis-ofconscience.

10. Howard Gardner, "An Education for the Future: The Foundation of Science and Values," paper presented to the Symposium of the Royal Palace Foundation, Amsterdam, March 14, 2001, in The Development and Education of the Mind: The Selected Works of Howard Gardner (Abingdon, UK: Routledge, 2006), 227.

11. Jimmy Aki, "Billionaire Charlie Munger Destroys Elon Musk's Hyperinflated Sense of IQ," CNN, February 28, 2019, https://www.ccn.com/charlie-munger-rips-elon-muskhigh-iq.

12. Quoted in Erin Gabriel, "Understanding Emotional Intelligence and Its Effects on Your life," CNN, July 26, 2018, https://www.cnn.com/2018/04/11/health/improveemotional-intelligence/index.html.

13. Daniel Goleman, *Social Intelligence: The New Science of Human Relationships* (New York: Bantam, 2006), 5. (中文版译名《情商2：影响你一生的社交商》)

14. Stephen Covey, *The 8th Habit: From Effectiveness to Greatness* (New York: Free Press, 2004), 53. (中文版译名《高效能

人士的第八个习惯：从效能迈向卓越》）

15. Albert Schweitzer, in a speech to the students of Silcoates School, Wakefield（along with "a number of boys and girls from Ackworth School"）, on "The Meaning of Ideals in Life," at approximately 3：40 p. m. on 3 December 1935, "Visit of Dr. Albert Schweitzer"（as translated from the French of the address by Dr. Schweitzer's interpreter）, The Silcoatian, New Series No. 25（December, 1935）: 784–785（781–786 with 771–772; "Things in General"）.

附录

1. 这些粗略的估算基于的数据来自 the World Values Survey 和其他社会科学研究。See, e. g., Ronald Inglehart, Cultural Evolution: People's Motivations Are Changing, and Reshaping the World（Cambridge, UK: Cambridge University Press, 2018）; Ronald Inglehart, ed., Human Values and Social Change（New York: Brill, 2003）; Christian Welzel, Freedom Rising: Human Empowerment and the Quest for Emancipation（Cambridge, UK: Cambridge University Press, 2013）; Paul Ray and Sherry Anderson, The Cultural Creatives: How 50 Million People Are Changing the World（New York: Harmony, 2000）. See also Robert Kegan, The Evolving Self: Problem and Process in Human Development（Cambridge, MA: Harvard University Press, 1982. 中文版译名《发展的自我》）; M. Commons, F. A. Richards, and C. Armon, eds., Beyond Formal Operations, vol. 1: Late Ad-

olescent and Adult Cognitive Development（New York：Praeger，1984）；Don Beck and Chris Cowan，Spiral Dynamics（New York：Blackwell，1995）；Jenny Wade，Changes of Mind：A Holonomic Theory of the Evolution of Consciousness（Albany，NY：SUNY Press，1996）；and Jeremy Rifkin，The Empathic Civilization（New York：Tarcher Putnam，2009）。

2. 虽然"整合"这个词经常和美国哲学家肯·威尔伯的工作联系在一起，但是整合哲学的领域却要比威尔伯的哲学广泛得多。整合哲学聚焦在人类进化发展的底层结构与深层意义之上。进化哲学始于黑格尔，但它并不是严格意义上的黑格尔哲学。Other notable philosophers who have attempted to understand the evolution of consciousness and culture, and have thus contributed to integral philosophy, 其他一些知名哲学家同样尝试去理解意识与文化的进化，因此也对整合哲学做出了贡献，他们包括亨利·柏格森（Henri Bergson）、阿尔弗雷德·诺斯·怀特海（Alfred North Whitehead）、德日进（Pierre Teilhard de Chardin）、奥罗宾多（Sri Aurobindo）、让·盖博瑟（Jean Gebser）和尤金·哈贝马斯（Jürgen Habermas）。For more on the integral worldview and the philosophy behind it, see Steve McIntosh, Integral Consciousness and the Future of Evolution（St. Paul, MN：Paragon House, 2007）, and Developmental Politics：How America Can Grow into a Better Version of Itself（St. Paul, MN：Paragon House, 2020）。

众译后记

2016年，我和U型理论、敏捷社群的一群伙伴众译了《重塑组织：进化型组织的创建之道》，并开始在国内推广青色进化型组织。好书会说话，越来越多的人被《重塑组织》的理念所吸引和激励，再加上后来每年举办的中国组织进化年会，"青色组织"和"组织进化"俨然成为业界热词。不少企业和非营利机构开启了试验，热心的组织顾问也相继转向这个令人激动的新方向。

虽然"人们倾向于高估一项技术（或理念）在短期内的影响，而低估其长期的影响"，我依然笃信青色进化型组织（以及后续的觉醒商业）符合人性和社会发展的深层需要，假以时日，星星之火就可以燎原。但同时，在组织进化的传播和顾问工作中，我心中也逐渐滋生出一些不满，原因在于我观察到青色组织的理念和做法被慢慢地"工具化"了，缩减为只是活化组织、激发员工的手段，部分实践新型组织的公司似乎也忘却了"进化的宗旨",更顾不上员工真正的幸福、社会和环境的可持续发展了。破解这个迷局需要不同的声音!

因缘际会,2019 年前后我接触到了"觉醒商业运动"(Conscious Capitalism),并远赴美国凤凰城参加了其年会。我非常欣赏觉醒商业的高维意识及其四个关键原则:更高的使命、利益相关者导向(尤其是员工和环境)、觉醒的领导者、觉醒的文化与管理,并认为对前三者的直接强调将能够改善组织进化实践中的"工具化"倾向。而且我也相当喜欢该运动的发起人、全食超市首席执行官约翰·麦基,在内心把他当作生命意识进化的同路人。于是在 2020 年,我就决定和几位伙伴携手推动"觉醒商业"在中国的落地,并将青色进化型组织的实践作为其重要成分加以有机地整合。

之后我们陆续推出了多期觉醒商业线上研修营、标杆企业访学营(已参访信誉楼百货、苏州固锝电子、朴门星球)和线上线下沙龙等一系列学习项目,并提炼出觉醒商业五维度,即觉醒领导者、更高使命、利益相关者战略、觉醒文化和整合式管理(人本、精益与自组织管理),而觉醒领导者则是新事业的源头和领航员。

2021 年初,东方出版社编辑告诉我,他们已经签约了麦基的新书(*Conscious Leadership*)的中文版权,并邀请我再次牵头翻译。考虑再三,我还是勉力接下这个"累活儿":一是想看到这本觉醒商业的重量级新书能被精心转译,惠及更多践行者;二是打算用众译的方式加深觉醒商业圈学友之间的连接,同时

众译后记

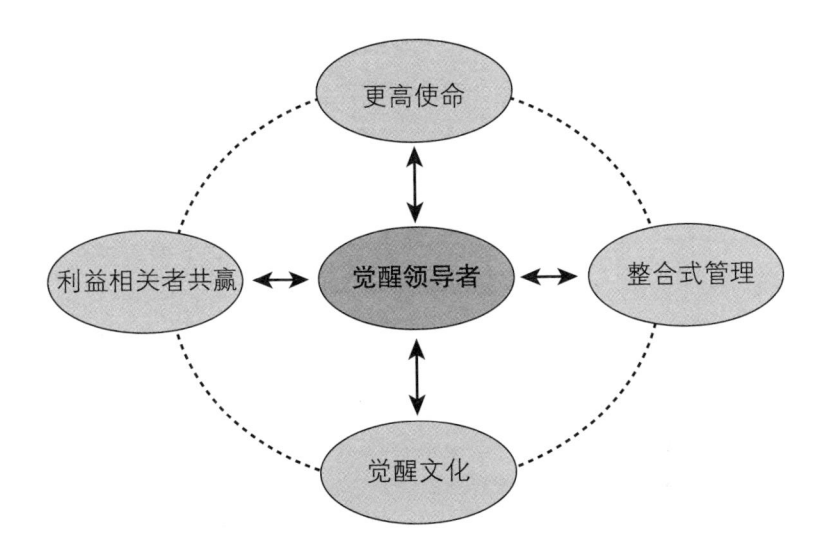

```
        更高使命
           ↕
利益相关者共赢 ↔ 觉醒领导者 ↔ 整合式管理
           ↕
        觉醒文化
```

助力觉醒商业理念的广传。

觉醒商业圈闻风而动，沈丹义、王珲、姚亚苏、刘娟利、刘信、陈亚彤、樊岚、唐智晖和王颖等九位伙伴，和我一道成立了《觉醒领导力》的众译小组，并用了大半年的时间，以自组织的形式完成了翻译项目。其中沈丹义初译了赞誉、题记、引言、致谢和作者信息，王珲、姚亚苏、陆维东、刘娟利、刘信、陈亚彤、樊岚、唐智晖和王颖分别初译了第1章到第9章，陆维东加译了目录、附录和注释。接着伙伴们又结对进行了互校，唐智晖再校了第2章和第6章，最后由陆维东承担了全书的审校与统稿工作。谢谢众译伙伴们的用心共创，我也经常领受到大家的耐心和善意；还要诚挚感谢东方出版社申浩编辑一贯的信任与支持，好事多磨，我们也一起经历了这两年外版书出版的曲折。

293

觉醒领导力

　　希望这本书的出版能够鼓舞并指导更多觉醒商业的先行者，毕竟，无论是实践商业向善、ESG（环境、社会和公司治理）或者组织进化都需要觉醒的领导者！

觉醒商业圈众译团队
陆维东　执笔

　　"觉醒商业圈"是由创业者、企业家、经理人、顾问、教练和学者组成的觉醒商业实践者社群，旨在鼓舞和陪伴彼此的意识进化，共创觉醒的商业，推动社会和地球的可持续发展。目前社群开展有觉醒商业线上研修营、线上线下主题沙龙、顾问项目、高管教练、正念领导力内训、企业访学营、觉醒商业系列工作坊（觉醒商业实践之道、觉醒领导者与意识进化、使命探寻、高质量对话、利益相关者战略、青色进化型组织、内部私董会）、书籍译介等项目。